2021 선사고대기획전

삼국의 부엌

ISBN
979-11-86012-82-6

발간등록번호
51-6113103-000067-01

2021 선사고대기획전

삼국의 부엌

발행인
유병하

발행일
2021년 9월 17일

발행처
한성백제박물관
05540 서울특별시 송파구 위례성대로 71
Tel. 02-2152-5800
https://baekjemuseum.seoul.go.kr/

디자인
(주)디자인나눔
04044 서울특별시 마포구 양화로 6길 9-24 동우빌딩 5F
Tel. 02-325-3264

인쇄
두성프린트

일러두기

1. 이 책은 2021년 9월 28일~2021년 11월 21일까지 한성백제박물관에서 개최하는 2021 선사고대기획전 〈삼국의 부엌〉의 전시도록이다.
2. 한성백제박물관의 소장품은 소장처를 기재하지 않았으며, 타 기관 소장품과 같이 실린 경우에는 함께 기재하였다.
3. 도록에 실린 도판의 저작권은 한성백제박물관과 출품기관에 있다.
4. 본문에서의 도판캡션은 유물명칭/출토지/시대/규격(㎝)/소장처 순으로 표기하였다.
5. 본문에 수록된 유물명은 쉬운 우리말을 사용했으나, 이로 인해 혼란이 생길 경우에 한하여 학계에서 통용되는 명칭을 사용하였다.
6. *표시 유물은 복제품이 전시되었으나, 도록에는 실제 유물 사진을 수록하였다.
7. 출품하지 않은 유물의 참고도판에는 **를 표기하였다.

목차
Contents

프롤로그
Prologue

전통 부엌과 현대의 부엌

문화류씨 운조루 종가 부엌
국립민속박물관

'부엌'하면 무엇이 떠오르는가? 밥이 익는 소리와 냄새, 도마 위에서 재료를 다듬는 따각따각 소리, 보글보글 국이 끓는 소리, 모락모락 김이 올라가는 모습 등 부엌이라는 공간은 인간의 오감을 충족시켜주는 곳이다. 또한 식구들의 안녕과 건강을 위하는 마음을 짓는 곳이다.

부엌이라는 명칭은 조선시대 문헌에 등장한다. 문헌에 등장하는 부엌의 원형적인 의미의 글자는 '부엌 조竈·灶' 이다. 부뚜막을 뜻하는 조竈는 불을 사용하는 공간이며, 조왕은 부엌을 보살피는 신을 의미한다. 부엌은 조리공간이면서 불을 땐다는 의미가 함께 쓰이다가 점차 음식을 준비하는 공간으로 의미가 분화하였다. 부엌은 시대가 지나면서 공간의 변화, 개념의 변화가 컸던 곳이기도 하다.

우리의 부엌도 외형적으로 많이 변했다. 부엌 공간은 과학적이고 위생적이면서 아름답게 변모하였다. 부엌의 입식화가 이루어지고 초현대식 도구와 가구들이 부엌에 들어오면서 예전의 부엌 모습은 거의 찾아보기 어려울 정도이다. 부엌의 구조 등에서 큰 변화가 있었던 몇몇 시기의 부엌의 특징을 살펴보도록 하겠다.

전통 부엌

우리나라의 전통적인 부엌은 온돌을 이용하는 난방 방식으로 불을 피우는 아궁이가 방보다 낮게 위치한다. 부엌의 바닥은 마당 지면보다 낮았으며, 바닥이 낮았기 때문에 상대적으로 부엌 천장이 높아지는 효과가 있었다. 그리고 안방에서 부엌을 연결하는 다락을 두어 부뚜막 위에 위치하도록 하였다. 이러한 부엌은 앉아서 생활하기에 편리하였다. 그리고 장독대, 우물, 광 등을 좁은 부엌과 인접하게 배치하여 마당을 부엌의 연속된 공간처럼 사용하여 공간의 효율성을 높였다. 이러한 전통적인 부엌 형태는 통일신라시대에 온돌 및 솥의 사용 형태가 정해지면서부터 등장하여 조선시대까지 이어져 왔다.

전통 부엌의 특징은 첫째, 부엌은 안채에 부속된 공간이었다. 안채와 부엌은 여성의 공간으로 안방 옆에 주로 배치하고 집 안쪽에 숨겨지는 공간이었다. 이러한 배치는 사랑채가 남성의 공간이면서 외부에 공개된 공간이라는 점과 대조적이다. 여성의 공간에 위치한 부엌은 취사와 난방이 함께 이루어지는 불을 관장하는 공간이었다. 이 시기 식사는 부엌을 떠나 방안에서 이루어졌다. 둘째, 부엌은 실내와 실외 공간 및 부속시설을 갖춘 넓은 영역의 공간이었다. 부엌 밖으로는 안마당이 있고 우물, 식재료를 저장하는 장독대와 항아리 등 부속공간까지 포함하였다. 셋째 신이 보살피는 상징적인 공간으로 조왕을 모시고 아침과 저녁으로 치성을 드리며 정성을 기리는 성스러운 곳이었다. 불을 다스리기 위해 우물에서 정화수를 떠두어 불을 다스리던 신성성이 있는 곳이기도 하였다.

1960~1980년대 : 연탄아궁이에서 싱크대까지

1950년대 후반 도시화와 산업화가 본격적으로 전개되면서 전통적 부엌과 과도기적 입식 부엌이 혼재하는 양상을 보여준다. 도시에서는 이 시기 주택의 개량화로 등장한 서구식 집단 주택인 아파트에서 부엌은 바닥의 높이가 집과 평행하게 높아지며 난방과 취사를 분리하는 부분적인 입식화가 진행된다. 하지만 입식화된 공영 주택 안에서도 전통적인 좌식 생활과 문화가 혼재하고 아궁이가 존재하는 완전한 입식이 아닌 과도기적 양상도 나타나고 있었다.

스카이아파트 불막이
서울역사박물관

1960년대 가정용 연탄 연료가 대중화되면서 부뚜막의 형태는 유지하되 부분적으로 개조하여 사용하기 시작한다. 이 시기의 부엌은 집안의 공간인 거실과 달리 시멘트로 마감하여 여전히 집 밖의 공간처럼 보이게 하였다. 부엌이 온전히 내부 공간으로 편입되지 못하고, 타일이나 시멘트로 마감된 개수대인 '싱크'는 높이가 낮아 사용하기에 많이 불편했다. 이 과도기적 부엌은 연탄 보일러가 온수 보일러로 대체되고 개별난방이 본격적으로 진행된 뒤 스테인레스 개수대 및 이 싱크대를 보완할 주방 가전제품들이 부엌에 등장하고 나서야 완전한 현재의 입식 부엌으로 변모하였다. 이러한 입식 부엌으로의 변화는 부엌을 다시 집안의 공간으로 환원시켰으며, 다시 가족들이 모이고 식사하는 곳으로 변화시켰다.

농어촌에서도 1980년대 이후에는 주택 개축·신축 붐이 일어났다. 과거의 부엌을 입식으로 개량하는 집이 크게 늘어나게 되는데 이 때 부엌을 입식으로 고치는 것을 두고 농촌에서는 '아궁이를 들어냈다'라고 표현하였다. 아궁이를 들어냄으로써 불을 피우고 재를 퍼내는 등 고된 일에서 벗어날 수 있었다.

입식 부엌의 상징–싱크대

현재와 같은 입식 부엌이 보편화된 것은 싱크대가 등장하면서부터였다. 싱크대라고 하면 스테인리스 스틸로 된 개수대를 의미한다. 싱크대는 일본에서 수입되었으며 우리나라에서는 1970년대 초 아파트에 설치되며 보급되었다. 이때 보급된 싱크대는 기존의 시멘트나 시멘트에 타일을 붙여 만들었던 개수대와 달리 스테인리스 스틸로 된 개수대와 상판으로 조리판이 대체되었다.

'싱크대'라는 용어가 조리대와 수납장을 포함하는 '입식 부엌 가구'를 포괄하는 의미로 확대되었다. 이는 일본의 '블록 키친'이라는 개념을 우리나라에 도입한 것으로 프랑크푸르트의 부엌처럼 한

세트로 구성된 일체식 싱크대를 의미한다.

제공: 금호미술관

서구의 부엌 개선 모델 - 프랑크푸르트 부엌

프랑크푸르트Frankfurt 부엌은 오스트리아 여성 건축가인 마가렛 쉬테 리호츠키Margarete Schütte-Lihotzky가 만든 모델로 근대적 산업생산과 표준화를 도모한 부엌으로 평가받았다. 유럽을 횡단하던 미트로파Mitropa 기차 식당칸의 좁은 공간에서 최대한 짧은 동선으로 효율적인 식사준비가 가능했던 데서 힌트를 얻었다.

프랑크푸르트 부엌의 조형적 특징은 기능주의적 목적에 따라 단순한 형태와 강한 색조를 사용하였다는 점이다. 내부는 벽과 벤틸레이터 후드Ventilator hood에 하얀 색조를 칠하였고 18개의 알루미늄 서랍은 금속성의 회색빛으로 깔끔한 인상을 주었다. 이렇게 합리적이고 단순한 색상 구성과 기구의 형태만으로도 노동의 효율성을 높이는 효과가 있었다. 여성이 부엌의 소비자로서 주체가 되었다는 상징적 디자인으로도 평가받고 있다.

현대의 부엌–스마트 키친

현대의 부엌은 싱크대의 등장과 부엌이 집안으로 들어오는 변화를 거치며 다이닝 키친으로 변모하였는데, 1인형 가구의 등장 및 과학 기술의 발달에 따른 주방 가구의 다변화도 부엌의 다양성 증대에 한 몫을 하고 있다. 현재의 가전제품들은 예전과 달리 스마트폰 속 앱과 연동하여 관리하고 제어할 수 있도록 변모하고 있다. 이러한 **사물인터넷 방식*IoT***은 조리 및 기타 가사 노동을 이전보다 효율적으로 할 수 있도록 하는 데 역할을 하고 있다. 이렇듯 현대의 부엌은 싱크대의 사용과 스마트 가전들이 가득 찬 스마트 키친으로 변화하고 있다. 스마트 가전들이 가득 찬 스마트 키친으로 변화하면서 주방은 더욱 효율적이고 편리한 공간으로 변화해 나갈 것이다.

001 **재래식 부엌 불막이**
防火門
Fuel Intake

구입
1970년대
23.8×34.0
서울역사박물관

I

부엌의 등장

부엌의 등장

부엌은 인류가 생존의 필수적인 요소인 불과 물을 이용하여 생활을 영위하는 공간이다. 그렇기 때문에 부엌은 '기술'의 발달을 가장 민감하게 수용하여 변화하는 주거 생활 공간으로 제일 먼저 생겨났다.

불은 구석기시대 이래로 인류가 추위를 막고 어둠을 밝히고 음식을 익혀 먹는 데 이용되었다. 처음 인간이 불을 사용하여 음식을 익혀서 먹는 방법을 터득하였을 때에는 자연적인 상태 그대로 야외에서 불로 익혀서 섭취하는 단순한 식생활이 이루어졌다. 그러나 신석기시대 이후부터는 농경이 시작되고 수혈식竪穴式주거에서 생활하면서 구석기 시대와는 달리 화덕시설爐址이 등장하며, 불의 이용과 관리에 철저함을 꾀하게 된다. 화덕시설은 취사와 난방, 조명, 제습 등의 기능과 불씨를 보관하는 역할을 담당하였다. 이 시기에는 불을 피우는 곳이 곧 부엌이자 주거 공간의 주 생활 공간이 되었다. 화덕자리는 원형 또는 타원형으로 보통 집 중앙에 1개가 있는 것이 일반적이다. 그러나 중앙에서 다소 벗어난 곳에 위치한 것도 많은 편이며 화덕의 수가 2개 이상인 경우도 확인된다. 화덕의 구조는 강돌이나 할석割石을 돌린 것, 진흙을 바른 것, 돌을 모아놓은 것集石, 아무런 시설 없이 땅을 움푹 파서 마련한 것 등이 있다.

이후 청동기시대와 초기철기시대에 이르러 주거 공간의 분할이 이루어지기 시작하는데, 부엌 공간이 가장 먼저 분화된다. 점차 집의 평면이 원형에서 사각형과 육각형으로 변화하고 구덩이를 파고 집을 지었던 방식에서 땅 위에 집을 짓는 방식으로 변화한다. 그리고 화덕의 경우 신석기시대와 달리 주거지의 중앙이 아니라 출입구 반대편인 집의 안쪽 벽면으로 옮겨지고, 부뚜막과 구들을 갖춘 새로운 시설이 등장한다. 부뚜막의 사전적 정의는 솥을 걸 수 있도록 아궁이 위에 흙과 돌을 쌓아 만든 턱을 지칭한다. 그러나 솥을 거는 특정 부분이 아닌 불을 지피는 아궁이에서 굴뚝까지 포괄하여 부뚜막 시설로 본다.

부뚜막이 한반도에 출현한 시기는 대체로 기원 전후 무렵으로 『삼국지三國志』 위서魏書 동이전東夷傳 변진조弁辰條에 "집 서쪽에 부엌을 둔다[施竈皆在戶西]."라는 기록이 있다. 부뚜막의 기원에 대해서는 중국으로부터 영향을 받아 한반도에 출현한 것으로 보는 견해와 화덕시설이 발전하는 과정에서 출현했을 것으로 보는 견해 등 다양한 의견이 있다. 부뚜막시설 출토 유적은 원삼국시대부터 삼국시대까지 긴 시간대에 걸쳐 나타나고 있으며 공간적으로도 삼국시대 전 영토에서 확인된다.

부뚜막은 연소부燃燒部, 연도부煙道部, 배연부排煙部로 구성되어 있다. 연소부는 좁은 의미의 부뚜막으로 아궁이와 솥걸이, 솥받침이 포함된다. 아궁이는 불을 지피기 위한 공간으로 부뚜막의 입구이다. 연소부는 아궁이를 통해 들여온 각종 땔감들이 타면서 화기火氣를 내는 곳으로 축조 시에 바닥을 오목하게 파내는 것이 대부분이다. 이는 공기의 흐름을 원활하게 하여 불길을 더 세게 만들어줌과 동시에 불을 집중시키는 역할을 한다. 솥걸이는 부뚜막에서 취사와 관련하여 가장 중요한 솥이 걸리는 부분이고 바닥에는 솥받침이 있다. 솥받침의 용도는 솥걸이 부분에 걸리는 솥의 무게를 받침으로써 부뚜막의 천정부가 무너져 내리는 것을 방지함과 동시에 솥이 바닥에 직접적으로 닿는 것보다 공간을 띄움으로써 더 많은 열을 받아들이게 하는 것이다.

연도부는 연소부에서 나오는 연기를 배연부로 보내는 부분으로 구들이라고도 한다. 구들은 아궁이에서 굴뚝 사이에 한 줄 또는 여러 줄의 고래(연도)를 길게 설치한 뒤 뜨거운 연기가 고래를 지나면서 상면에 덮여 있는 구들장을 뜨겁게 덥혀 난방하는 시설이다. 다양한 구들의 형태 중 원삼국시대 한반도 중부지역에서 유행하던 쪽구들의 외형적인 특징은 주거 공간 내부의 일부 바닥면에 고래를 1~2줄만 설치하는 부분난방 형태이다. 대체적으로 벽체를 따라 좁고 길게 설치하며 '외줄구들', 'ㄱ자 모양 구들' 등 다양하게 불린다.

엄격하게 구분하면 구들은 난방효과를 염두에 두고 제작한 시설이기 때문에 형태와 기능면에서 부뚜막과 구분된다. 하지만 구들은 실제로는 취사와 난방 기능이 결합된 형태로 일상적으로는 취사용도로 쓰이고, 난방 기능은 일부 계절에만 사용된다. 구들은 부뚜막과 결합된 형태로 오히려 일상에서 가장 많이 수행되는 역할은 취사 기능이라 할 수 있다. 배연부는 굴뚝 부분으로서 대부분 목재나 기타의 유기물질을 이용하여 굴뚝을 세우고, 그 주위를 점토와 토기 조각으로 보강한 것이다.

부뚜막을 만드는 주재료는 점토와 판석이다. 점토만 이용하여 축조하기도 하고 판석으로 벽체와 천정의 기초를 세운 뒤에 여기에 점토를 발라 보강하기도 한다. 부뚜막의 축조 재료는 고정적인 것은 아니며 시기적·지역적인 차이가 있기 보다는 주거지가 위치하고 있는 자연환경에서 구하기 쉬운 재료를 사용한 것으로 보인다.

정면

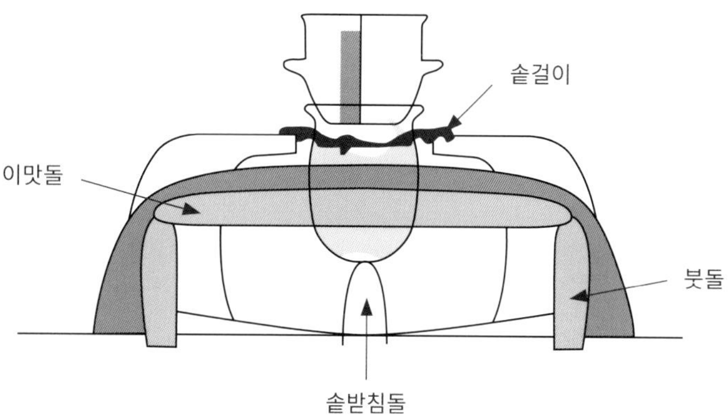

측면

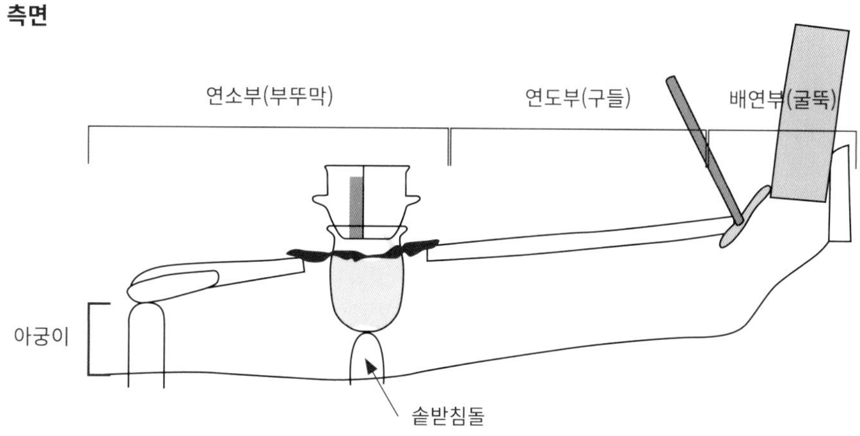

부뚜막의 구조 (한지선, 「백제의 취사시설과 취사방법 – 한성기를 중심으로」 참조)

부뚜막 신앙

불은 우리 생활에 없어서는 안 될 매우 중요한 존재이다. 인간이 불을 사용하기 시작한 이래로 불은 신비하고 경이로운 존재이자 신앙의 대상이었다. 『삼국지』 위서 동이전 변진조에는 "귀신에게 제사 지내는 방법은 다르나 문의 서쪽에 모두들 부엌신[조신竈神]을 모신다[祠祭鬼神有異施竈皆在户西]."라는 기록이 있다. 이미 기원전부터 불을 다루는 '부엌竈[부뚜막=아궁이]'은 주거지에서 신성한 공간으로 여겨져 가족의 안녕과 가정의 길흉을 좌우하는 신앙의 공간이었다.

우리나라 부뚜막 신앙에 대해서는 중국의 조왕신앙竈王信仰에서 유래했다는 의견이 있지만, 불에 대한 신앙은 세계 어느 민속에서나 쉽게 확인되는 보편적이고 원초적인 것이다. 우리나라도 부뚜막시설을 사용하기 시작한 이래 일상에서 자연스럽게 발생한 신앙으로, 이후 중국의 조왕신앙이 유입되면서 '조왕竈王'이라는 용어와 함께 중국적 요소의 영향도 받아 형성되어 내려온 민속 신앙으로 보인다.

우리 조상들의 부뚜막 신앙은 부뚜막을 축조하고 사용하는 단계에서 드러난 부뚜막 의례의 흔적을 통해 살펴볼 수 있다. 먼저 부뚜막 축조 단계에서는 부뚜막을 축조할 당시 철기를 묻은 것埋納이 확인되었다. 삼국시대 철기는 다른 재질의 도구들에 비해 희소성이 매우 높은 것으로 부뚜막과 관련된 중요한 의례에 철기가 이용되었을 가능성이 있다. 부뚜막 안에서 철기가 확인된 유적으로는 해남 신금 유적과 담양 태목리 유적이 있다. 해남 신금 유적에서는 4호, 40호, 43호 주거지 부뚜막에서 철기를 매납한 부뚜막 의례가 행해졌음이 확인된다. 이와 비슷한 사례로 서울 풍납동 토성 197번지 가-3·4호 주거지 부뚜막에서도 쇠도끼鐵斧와 덩이쇠鐵鋌 등의 철기가 확인되었다. 따라서 이는 부뚜막의 축조 단계에 행해졌던 부뚜막 의례로 주거지나 고분 등을 축조할 때 행해지는 의례와 같은 맥락에서 이해될 수 있을 것이다.

사용 단계에서는 신에게 공헌하는 정화수 등이 담겨진 토기가 부뚜막 주변에 존재하였을 것으로 확인된다. 하남 미사리 KC38호 주거지의 부뚜막 시설 왼쪽 뒤에서 점토로 만든 작은 단이 확인되었고, 그 위에서 목이 짧은 단지 한 점이 출토되었다. 토기 한 점만 따로 단 위에 설치한 것으로 보아 이는 조리용보다 부뚜막 신에 대한 제의에 사용된 것으로 생각된다. 곡성 오지리 10호 주거지 유적에서도 부뚜막 위 뒤쪽에서 적갈색 사발盌 1점과 작은 장고 모양 토제품 2점이 출토되었는데, 이도 제의적 의미를 담은 것으로 판단된다. 특히 제의와 관련해 주목되는 장고 모양의 소형 토제품들은 흙으로 만든 북을 쳐서 악귀를 쫓아내던 납고臘鼓 의식과 관련이 있는 것으로 보인다. 서울 우면동 유적에서 출토된 장고 모양 토기도 조리용보다는 제의용으로 사용되었을 가능성이 있다.

부뚜막 신앙은 상장의례로도 이어졌다. 고대에는 부뚜막 모양의 명기明器 등 소형 취사용기를 무덤에 부장하는 풍습이 중국, 낙랑, 고구려, 백제 그리고 일본에 이르기까지 동아시아 전반에 공통적으로 나타난다. 명기는 죽은 자의 현세의 삶이 내세에도 이어지기를 바라는 마음에서 그가 생전에 부리고 사용했던 기구, 가옥, 인물, 동물 등을 본떠서 만든 것으로, 부뚜막은 기본적인 생활 필요 시설이었기 때문에 무덤 속에 함께 부장했던 것으로 보인다.

부뚜막 모양 명기를 무덤에 부장하는 풍습은 중국으로부터 유입된 것이지만, 각 지역 실제 부뚜막의 모습과 유사한 형상을 갖추었고 지역별로 각기 다른 특성이 드러난다. 중국의 화상석畵像石에서 보이는 실제 취사용 부뚜막의 형태는 고분에서 출토된 부뚜막 모양 명기와 유사하다. 또한 고구려 고분벽화에서 확인되는 구들 구조와 부뚜막이 부뚜막 모양 명기의 형태에도 반영된 것으로 확인된다. 백제 한성기 고분군인 하남 감일동 5호와 15호 돌방무덤石室墓에서 출토된 부뚜막 모양 명기도 'ㅣ'자 모양 부뚜막과 거의 같은 구조로 제작되어 있고, 솥걸이가 하나여서 백제식 부뚜막의 특징을 가지고 있다.

한편 신라와 가야 지역에서는 명기의 형태는 아니지만, 이동식 부뚜막을 무덤에 부장한 예가 확인된다. 포항 냉수리 고분과 김해 봉황동 유적에서는 이동식 부뚜막이 출토되었다.

현대로 오면서 부뚜막에서 직접 불을 피우는 모습은 사라졌고 본래 불의 신이던 조왕도 찾아보기가 힘들게 되었다. 현대에 조왕신을 모시는 사례가 잘 나타나는 곳은 다름 아닌 사찰의 부엌이다. 사찰에서는 공양간의 부뚜막 부근에 조왕탱화를 모시기도 한다. 공양을 준비할 때 조왕신을 모신 조왕단에 초, 청수 등과 함께 공양을 올려둔다. 사찰에 따라서는 조왕경을 읊기도 한다.

서울 풍납동 토성 가-3호 주거지 부뚜막에서 출토된 쇠도끼

하남 감일동 5호 돌방무덤 출토 부뚜막 모양 명기
(재)고려문화재연구원

하남 감일동 15호 돌방무덤 출토 부뚜막 모양 명기
(재)고려문화재연구원

포항 냉수리 고분군 출토 부뚜막 모양 토기
국립경주박물관

경주 안압지 출토 부뚜막 모양 토기
국립경주박물관

002 **철제품**

鐵器

Iron Goods

서울 풍납동 토성

백제

현재길이 2.8~19.0, 현재너비 1.5~5.2

003 **장고 모양 토기**
長鼓形土器
Drum-shaped Pottery

서울 우면동 유적
백제
높이 10.8, 지름 12.8

004 **아궁이 모양 토기**
爐口形土器
Stove-shaped Miniature Pottery

군산 여방리 고분군
백제
높이 10.5, 너비 13.0
국립전주박물관

군산 여방리에 위치한 고분군에서는 백제~조선시대에 이르는 분묘 88기, 기와가마 1기, 주거지 1기 등이 확인되었다. 그중 82호분은 전형적인 백제 굴식돌방무덤橫穴式石室墓으로 이곳에서 부뚜막 모양 명기가 출토되었다.

아궁이 부분이 약간 결실되었지만 거의 완전한 형태로 출토되었으며, 소형 토기가 결합되어 있다. 전체적으로 원통형이어서 윗면이 곡선으로 자연스럽게 몸체로 이어져 내려온다. 아궁이 부분은 전면에 '∩'자 형태로 표현되어 있고 중앙에는 솥걸이가 원형으로 1개 뚫려 있다. 굴뚝은 후면의 중앙 윗부분에 따로 만들어 부착하였는데, 원통형에 가까우며 아래로 살짝 내려오다가 다시 위로 치켜 올라가는 형태이다.

005 **쇠솥**
鐵製釜
Iron Cauldron

서울 관훈동 유적
조선
높이 18.3, 입지름 31.7

006 **쇠솥뚜껑**
鐵製釜蓋
Iron Cauldron Lid

서울 관훈동 유적
조선
높이 10.1, 지름 32.5

007 **조왕신도**

竈王神圖

Portrait of *Jowang* (Kitchen God)

구입

조선후기

82.8×63.2

서울역사박물관

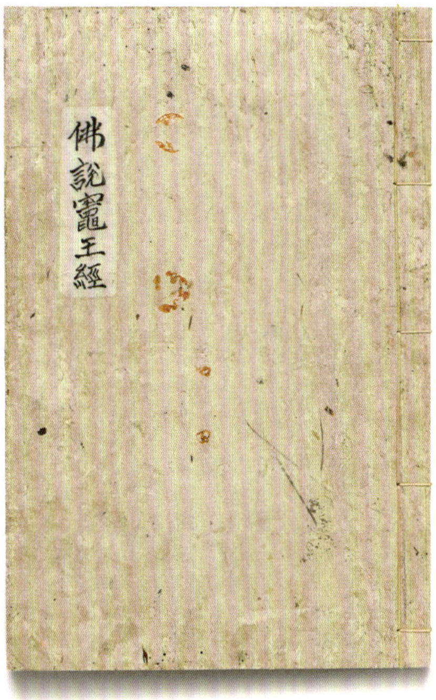

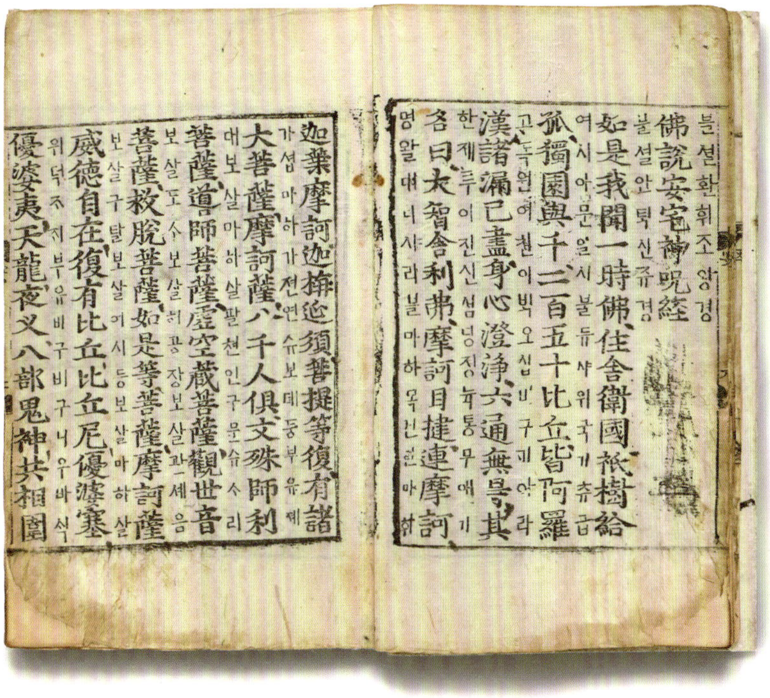

008 불설조왕경

佛說竈王經

The Stove Deity Tribute Scriptures

구입
조선말기
33.6×22.0
서울역사박물관

COLUMN 1.

부엌 지킴이 조왕신竈王神

김명자 안동대학교 민속학과 명예교수

우리네 집에는 곳곳에 신이 존재한다. 이른 바 가신家神, 또는 가택신家宅神이라 불리는 신이다. 으뜸 신으로 일컬어지는 마루의 성주를 비롯하여 안방의 삼신과 조상, 부엌의 조왕, 뒤꼍의 터주 등 가신들이 자리하여 그에 적절한 역할을 한다.

조왕신은 여성들의 중심적인 활동 공간인 부엌의 부뚜막에 모시는 신이다. 평소에는 정화수 한 주발을 담아 매일 아침 주부가 부뚜막에 갈아 올리고 별식別食이 나면 한 그릇 올리는 것으로 신앙의례를 표현한다. 정화수를 담는 주발은 조왕신을 상징하는 신체神體로서 이를 '조왕중발竈王中鉢'이라 한다.

조왕중발이 보편적인 신체지만 부적을 부뚜막 벽 위에 붙여 신체로 여기는가 하면 신체가 없는 '건궁조왕'도 있다. 경기도 지역에서는 부엌 선반에 삼베 조각을 담은 바가지를 얹어 두거나 한쪽 벽에 붙인 백지나 헝겊 조각을 조왕으로 섬긴다. 강원도 지역에서는 방석 모양으로 접은 종이와 함께 북어를 걸어 두며 쌀이 담긴 단지를 솥 뒤에 놓기도 한다. 쌀이 담긴 단지를 조왕단지라고 하는데 이는 다른 지역에서도 어렵잖게 볼 수 있다. 영남 지역에서는 부뚜막의 큰 솥을 조왕솥이라 한다.

『삼국사기三國史記』 고구려본기 대무신왕大武神王(재위 18~44)조에는 솥이 신기神器임을 보여주는 기록이 있다.

> "왕이 군사를 일으켜 부여夫餘를 정벌하려고 비류수沸流水에 행차하여 물가를 바라보니, 어떤 여인이 솥을 가지고 노는 것 같았다. 가서 보니 여인은 홀연히 간데없고 솥만 있었다. 이 솥으로 밥을 지으려 하자 불을 때지 않았는데도 저절로 끓고 밥이 되어 일군一軍을 배불리 먹일 수 있었다."

제주도에서는 조왕을 삼덕할망이라고 부른다. 삼덕은 솥을 받치는 세 개의 돌이다. 솥 받침돌은 솥덕이라고도 하며 깨끗한 돌을 골라 쓴다. 예전 제주도에는 부뚜막이 없었던 까닭에 솥덕이 조왕의 자리에 오른 것이다.

조왕신은 삼신과 함께 육아의 기능이 있으면서 집안에서 일어나는 일을 하늘의 옥황상제께 고하는 임무를 맡고 있다고 한다. 특히 삼신은 육아를 점지하는 기능을 가진 반면에 조왕은 태어난 아기가 7세가 될 때까지 양육을 하며 그 후에는 수명을 관장하는 칠성신이 맡는다.

조왕신은 음력 12월 23일에 하늘로 올라가서 한 해 동안 그 집에서 일어난 일을 옥황상제에게 보고하고 설 새벽에 돌아온다. 나쁜 일을 저지른 사람은 조왕이 승천하는 날 밤, 아궁이에 엿을 발라둔다. 조왕이 하늘로 올라가기도 어렵거니와 설사 가더라도 입이 붙어서 말을 못하니 잘못이 드러나지 않으리라 여기는 것이다.

설날·정월 대보름·추석·동지와 같은 주요 명절, 그리고 고사를 지내는 날은 성주 등 다른 가신과 마찬가지로 조왕상을 차려 제를 지내기도 한다.

경북 안동 지역에서는 집안에 특별한 일이 생겨 조왕신에게 각별하게 의례를 행할 때에는, 솥에다 밥을 지은 뒤 솥뚜껑을 열어 젖히고 밥주걱을 걸친 다음 식구 수 대로 숟가락을 꽂은 뒤 축원을 한다. 집안에 우환이 있거나 가족 가운데 외지에서 생활하는 사람이 있거나 집안에 불미스러운 일이 있을 때에 별도로 제를 올린다. 가정에 따라서는 아들이 군대에 가 있는 동안 정화수를 떠놓고 빌다가 제대 후에는 거두는 경우도 있다.

부엌에서는 음식을 장만하고 불을 관장하기에 조왕신은 화신火神으로서 재산신의 기능도 한다고 믿는다. 그래서 부엌은 신성시되어 금기나 속신이 따른다.

혼례를 마치고 신행新行 때 자기 집으로 온 신랑은 먼저 부엌으로 가서 한 다리를 부뚜막에 올려놓고 바가지에 담은 국수를 주걱으로 떠 먹는다. 신생아의 배냇 머리털을 아궁이에 넣기도 한다. 이는 모두 장수를 위한 것이다.

몸에 두드러기가 나면 조왕 앞에서 소금을 몸에 묻혀 가며 몽당비로 쓸어주면 두드러기가 가라앉는다. 정월 첫 소의 날 부뚜막에 촛불을 밝히고 떡국을 끓여 먹으면 두통을 앓지 않는다. 또 조왕 앞에서 옷을 벗거나 큰 소리를 내면 안 되며 아궁이 불에 향을 붙이지 않는다. 부뚜막에 걸쳐 앉는 것도 금하며 부엌 문턱을 밟지 않고 부엌을 향해 비질을 하지 않는다. 조왕이 자리한 곳이니 마구 대하지 않고 조심해야 하는 것이다.

사찰에서는 조왕탱화를 모셔놓고 아침 저녁으로 공양을 올린다. 탱화 대신 글귀로 대신하기도 한다.

조왕신은 조왕각시라고도 불러 여성신임을 강하게 암시한다. 조왕신에게 빌 때 '어진 조왕님'이라는 말을 으레 하는데 이는 조왕의 성격을 단적으로 드러낸다. 혹 잘못이 있더라도 용서해주리라는 믿음이 담긴 말이다.

무속신화巫俗神話에서 조왕신은 보다 다양하게 나타난다. 여신으로뿐 아니라 조왕할아버지, 또는 부부신으로 나타나는가 하면 때로는 성주의 아내가 되기도 한다. 성주 부모의 의례 대상이 되는 '조왕세존'이라는 높은 자리에도 앉는다.

이밖에도 조왕신과 뒷간신인 측신이 처첩관계라는, 세속적인 존재가 되기도 한다.

음식을 만드는 부엌은 당연히 뒷간과 멀리 떨어져 있어야 한다. 우리 몸도 음식을 섭취하는 입과 배출구가 멀리 떨어져 있다. 정실부인과 시앗도 가까이 있어서 좋을 리 없다.

조왕과 측신을 처첩관계로 설정한 것은, 부엌과 뒷간을 멀리 두어야 한다는 점을 상징적으로 나타낸 것이니 생활문화적 인식이 지혜롭게 반영되었다고 할 수 있다. 또한 위생관념이 크게 작용한 것으로 이러한 설정은 슬기이자 유머일 수도 있다.

Ⅱ

백제의 부엌

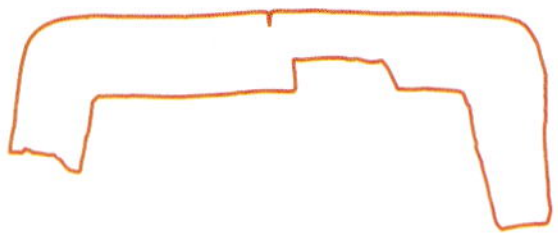

백제

1. 부뚜막

다양한 취사시설

백제 사람들은 시기와 지역에 따라 다른 취사시설을 실내에 조성하였으며, 이동식 취사시설도 사용한 것으로 알려져 있다. 이 가운데 실내에 조성한 취사시설은 화덕, 'ㅣ'자 모양 구들(부뚜막), 'ㄱ'자 모양 구들(쪽구들) 등이 확인되었다.

화덕은 원삼국시대에 이어 한성기에도 사용하였다. 출입시설을 별도로 갖춘 수혈식竪穴式주거에서 주로 찾을 수 있다. 주거 공간의 뒤쪽에 설치하였으며, 단독으로 혹은 다른 취사시설과 함께 이용한 예가 확인되었다. 한성기 화덕이 다수 조사된 화천 원천리 유적을 살펴보면, 대체로 타원형으로 만들었으며, 뒤쪽에 돌을 세우기도 하였다. 또한 21호 주거지처럼 부뚜막과 같이 조성한 경우도 찾을 수 있었다.

'ㄱ'자 모양 구들도 원삼국시대의 영향을 받은 취사시설이었으며, 전 시기에 걸쳐 사용한 것으로 알려져 있다. 삼국시대에는 지배계층보다 외곽의 집단이나 피지배층이 사용한 것으로 알려져 있으나, 백제는 한성기 왕성이었던 서울 풍납동 토성에서 확인되어 신분이 높은 사람도 선호하였을 가능성이 높다.

백제의 'ㄱ'자 모양 구들은 집의 한쪽 벽에 가깝게 조성하였으며, 연소부에 취사 공간을 마련하였다. 벽을 따라 길게 만든 연도부는 열기를 오래 가둘 수 있는 구조였으므로, 난방 기능이 컸던 시설로 추정되고 있다. 서울 풍납동 토성 197번지 가-3호 주거지는 백제 사람들이 일찍부터 'ㄱ'자 모양 구들을 사용하였음을 알려준다. 이 'ㄱ'자 모양 구들은 집 안의 북동쪽에 설치하였으며, 각 면은 길이 180㎝, 너비 100㎝ 정도로 조성하였다. 연도부에 비해 넓은 편인 연소부는 강돌과 할석割石을 세우고 가운데에 솥받침용 돌을 두어 사용한 것으로 보인다.

'ㅣ'자 모양 구들은 출입구를 돌출시킨 육각형의 움집에서 주로 나타나며, 한성기에 널리 사용하였다. 발굴조사를 통해 한성기의 중심 지역이었던 서울·경기 남부지역에 집중 분포하였음이 확인되었다. 대체로 집의 출입구와 마주보고 있었으며, 집의 가장 뒤편인 북쪽이나 북동쪽에 두었다. 형태는 크게 'ㅣ'자, '八'자 모양이며, 짧은 연도부를 통해 취사 기능에 중점을 둔 것으로 보기도 한다.

서울 풍납동 토성 197번지 나-10호 주거지의 취사시설은 한성기 'ㅣ'자 모양 구들의 모습을 잘 보여준다. 취사시설은 집안의 북동쪽에 설치하였으며, 형태는 'ㅣ'자 모양이다. 길이 175~185㎝, 연도부 너비 40~65㎝, 높이 45㎝의 규모로 조성하였다. 연소부 안팎에서 봇돌, 솥받침용 돌 등이 확인되었으며, 연소부 인근 바닥은 목탄과 재가 넓게 퍼져 있어 재를 쌓았던 잿간으로 보기도 한다.

이러한 취사시설은 불을 다루었던 공간이었으므로, 화재의 발생을 방지하는 것이 중요하였다. 이에 백제 사람들은 화재를 막기 위한 장치를 취사시설 주변에 마련하였다. 화성 발안리 유적의 26호 주거지 부뚜막 앞의 반원 모양 구덩이, 36호 주거지 아궁이 바깥의 점토 흔적은 불길이 다른 곳으로 번지는 것을 방지하는 장치로 알려져 있다.

화덕과 'ㅣ'자 모양 구들	'ㄱ'자 모양 구들	'ㅣ'자 모양 구들

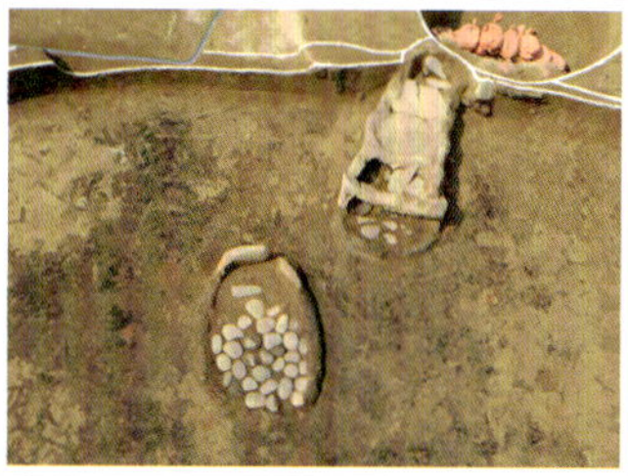		
화천 원천리 유적 21호 주거지 (재)예맥문화재연구원	서울 풍납동 토성 197번지 가-3호 주거지 국립문화재연구소	서울 풍납동 토성 197번지 나-10호 주거지 국립문화재연구소

조성 방식

백제는 여러 재료를 이용해 취사시설을 조성하였다. 화덕은 바닥에 연료용 땔감과 판석板石을 깔았고, 불이나 재가 다른 곳으로 튀지 않도록 화덕 가장자리를 점토띠로 감쌌다. 뒤쪽에 돌을 세운 경우도 있었다. 돌은 열기가 밖으로 빠져나가거나 바람이 들어오는 것을 막고, 취사용기가 쓰러지지 않게 고정시키는 용도였을 것으로 추정된다.

널리 사용하였던 'ㄱ'자 모양 구들과 'ㅣ'자 모양 구들은 화덕에 비해 다양한 재료를 사용하였다. 연소부 안에 강돌이나 할석을 깔았고 연소부와 연도부는 점토, 돌, 기와, 흙을 이용해 여러 방식으로 축조하였다. 배연부는 원통 모양 굴뚝을 이용하거나 큰 독을 활용하였다.

특히 연소부와 연도부는 발굴조사를 통해 재료에 따라 다른 방식을 사용하였음이 밝혀졌다. 점토를 주요 재료로 삼은 경우는 골격과 천장을 점토로 만들었으며, 서울 풍납동 토성 197번지 나-3호 주거지와 같이 주변에 돌을 박아 견고성을 높이고자 하였다. 강돌을 중심으로 만든 취사시설은 서울 풍납동 토성 197번지 가-2호 주거지의 사례처럼 돌로 골조를 만들고, 돌과 돌 사이의 틈새를 점토로 메꾸는 방식이었다. 기와는 한성기에 점토를 섞어 천정을 만드는 등 일부에 한정하여 사용하다가 사비기에는 시설의 골조를 만드는 데에 사용하는 등 점차 비중이 커졌다.

한편 한성기 왕성과 인근에 살았던 사람들은 취사시설의 설치를 염두에 두고 집을 지었다. 서울 풍납동 토성 197번지 나-2호 주거지를 보면, 집을 지을 때 취사시설의 규모를 제외하고 땅을 팠고, 남긴 부분의 중앙을 파서 연도로 삼았음을 알 수 있다. 기반토를 이용해 만든 취사시설은 한성기의 서울 풍납동 토성과 화성 발안리 유적, 하남 미사리 유적 등 서울·경기 지역을 중심으로 나타나고 있어, 이곳에 자리하였던 백제 사람들의 기술이었을 것으로 보인다.

<table>
<tr><td rowspan="2">화덕</td><td colspan="2"></td><td colspan="2"></td></tr>
<tr><td colspan="2">화천 원천리 유적 71호 주거지
(재)예맥문화재연구원</td><td colspan="2">화천 원천리 유적 21호 주거지
(재)예맥문화재연구원</td></tr>
<tr><td rowspan="2">‘ㄱ’자 모양 구들
‘ㅣ’자 모양 구들</td><td></td><td>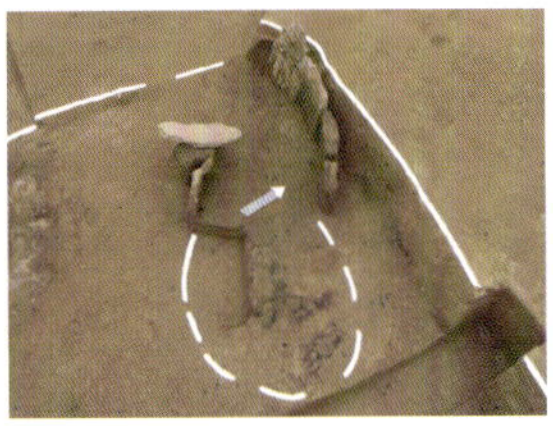</td><td>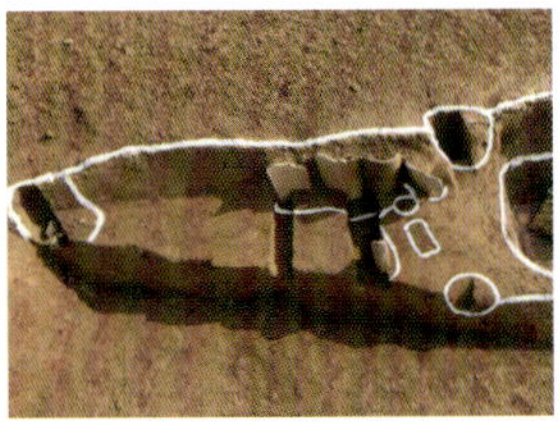</td><td></td></tr>
<tr><td>서울 풍납동 토성 197번지
나-3호 주거지_점토 사용
국립문화재연구소</td><td>서울 풍납동 토성 197번지
가-2호 주거지_돌 사용
국립문화재연구소</td><td>익산 왕궁리 유적 부엌터
_기와 사용
국립부여문화재연구소</td><td>서울 풍납동 토성 197번지
나-2호 주거지_기반토 사용
국립문화재연구소</td></tr>
</table>

시기별 변화

백제의 취사시설은 연소부에 아궁이 장식, 솥받침, 솥걸이를 두었고, 연도부 뒤에 굴뚝을 마련한 모습으로 만들었다. 이러한 취사시설의 부속품은 시기에 따라 조금씩 변화해갔다.

취사시설에서 실제 조리를 위한 공간은 연소부이다. 연소부의 아궁이는 정면에 입구를 내었고, 입구 주변에 '⊓'자 모양의 장식을 부착하였다. 아궁이 장식은 모서리를 각지거나 둥글게 처리하였으며, 표면에 띠突帶를 표현하였다. 대부분 흙을 구워 만들었지만, 웅진기 이후에는 고구려의 영향으로 철로도 만들었다. 철제 부뚜막 장식은 사례가 많지 않으며, 공주 공산성 성안마을 유적과 부여 사비도성 군수리 유적 등에서 확인되었다.

아궁이는 살짝 오목하게 만들었고, 강돌을 깔기도 하였다. 아궁이 가운데에 솥받침을 두었는데, 주로 돌을 사용하였지만 평택 세교동 유적처럼 깊은 바리 모양 토기를 엎어 사용한 경우도 있었다.

아궁이 위쪽 부뚜막 천정에는 솥걸이를 만들어 취사용기를 꽂아두었다. 솥걸이는 대체로 취사시설마다 하나씩 설치하였던 것으로 보이며, 서울 풍납동 토성 현대연립부지 가-2호 주거지에서는 솥걸이에 점토를 덧대어 사용한 모습도 확인되었다.

연기를 배출하는 연도부는 뒤쪽을 높게 만들었으며, 굴뚝(배연부)과 연결하였다. 굴뚝은 집 바깥에 두었으며, 약간 기울도록 설치하여 지붕에 연기가 닿지 않도록 하였다. 한성기에는 큰 독을 사용하거나 위가 좁고 아래가 넓은 원통 모양으로 굴뚝을 만들었다. 원통 모양 굴뚝은 옆에 소뿔 모양이나 고리 모양 손잡이가 있으며, 상·하부를 따로 만든 뒤에 결합한 경우도 있다. 이러한 모습은 사비기까지 이어졌으며, 7세기는 하부시설에 고정하기 위해 아래쪽에 전甎을 두른 모습으로 변하였다.

굴뚝 위에는 뚜껑 모양의 장식을 올린 경우가 있었다. 서울 몽촌토성 출토 굴뚝 장식을 통해 한성기부터 사용하였음이 밝혀졌으며, 사비기 무렵부터 널리 쓰였던 것으로 보인다. 한성기에 비해 사비기의 굴뚝 장식은 장식성이 강한 편이다. 사비기 굴뚝 장식은 위에 보주寶珠를 부착하였고, 전을 둘렀으며, 여러 형태의 구멍을 표현한 모습으로 나타난다. 구멍은 원형, 사각형, 나뭇잎 모양心葉型 등으로 나타나며, 연기를 배출하는 용도로 쓰였다.

굴뚝 장식은 구멍 배치에 따라 2가지로 구분하는데, 익산 왕궁리 유적의 굴뚝과 같이 원형 구멍을 규칙적으로 배치한 것과 부여 정동리 506-2·3번지 유적 굴뚝처럼 전의 위·아래에 크기와 형태가 다른 구멍을 낸 경우가 있다. 이러한 사비기의 굴뚝 장식 중에서 부여 관북리 유적, 익산 왕궁리 유적 등 위계가 있는 건물에서는 구멍이 크고 전이 위쪽에 달린 굴뚝 장식을 사용한 것으로 알려져 있다.

솥걸이에 점토를 덧댄 흔적
(서울 풍납동 토성)
국립문화재연구소

굴뚝과 굴뚝 장식(부여 능산리)
국립부여박물관

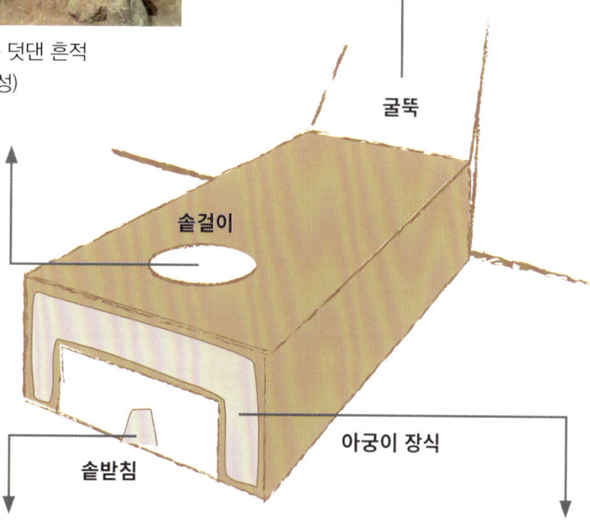

돌을 솥받침으로 사용한 모습
(서울 풍납동 토성)
국립문화재연구소

아궁이 장식의 사용 모습
(서울 풍납동 토성)
국립문화재연구소

깊은 바리 모양 토기를 솥받침으로 사용한 모습
(평택 세교동 유적)
(재)가경고고학연구소

철제 아궁이 장식
(부여 사비도성 군수리지점 유적)
충남대학교백제연구소

한편, 위계가 높은 시설에는 취사용 건물이 별도로 존재하였음이 발굴조사를 통해 확인되었다. 공주 공산성 성안마을 유적 26호 건물지는 내부에 6개의 취사시설이 남아 있어, 부엌 전용 공간이었을 것으로 추정한다. 취사시설은 땅의 경사면을 이용해 만들었으며, 모두 아궁이와 연도부를 갖추고 있었다. 이 가운데 아궁이 1호와 2호는 이맛돌과 옆쪽에 세운 돌이 남아 있으며, 5호는 아궁이의 아랫부분에 기와를 ‘ㄷ’자 모양으로 세워 마무리한 모습으로 확인되었다.

익산 왕궁리 유적 부엌터는 건물 동쪽에 단을 두어 취사시설 2기를 설치하였으며, 일정 기간 함께 운영하였을 것으로 추정한다. 형태가 잘 남아 있는 동남쪽 시설은 둥근 사각형抹角長方形이며, 땅을 살짝 파서 조성하였다. 솥받침의 출토 양상을 통해 여러 개의 솥을 사용하였을 가능성이 있으며, 기와를 이용하여 연도부를 만들었음이 확인되었다. 이 부엌터는 취사 공간 외에도 별도의 시설이 확인되지 않는 중앙 부분을 식재료와 도구를 보관했던 장소로, 북쪽 배수로는 식기류를 씻던 곳으로 보기도 한다.

공주 공산성 성안마을 유적 26호 건물지
공주대학교역사박물관

공주 공산성 성안마을 유적 26호 건물지 부뚜막 유구
공주대학교역사박물관

익산 왕궁리 유적 부엌터 동남쪽
국립부여문화재연구소

신新자료, 몽촌토성 서쪽에서 발견된 삼국시대 부뚜막

2021년 봄, 경상문화재연구원은 서울 송파구 올림픽공원(서울 올림픽 스포츠 콤플렉스 조성 부지)에서 발굴조사한 삼국시대의 대형 취사시설을 공개하였다. 유적 내에서 가장 규모가 큰 1호 건물지에서 확인한 것으로, 건물의 크기만큼 취사시설도 큰 편이다.

발굴조사 결과에 따르면, 1호 건물지는 출입시설이 뚜렷한 육각형 수혈식 건물이다. 건물 크기는 길이 17.6*m*, 너비 11.4*m*이며, 취사시설은 건물의 북동쪽에 위치한다. 취사시설의 형태는 연소부, 연도부, 굴뚝이 나란히 있는 ‘ㅣ’자 모양이며, 내부에 돌이 남아 있는 모습이다.

이처럼 육각형 수혈식 건물의 북동쪽에 ‘ㅣ’자 모양의 취사시설을 조성하는 것은 백제 한성기 주거지의 특징으로, 인근에 위치한 서울 풍납동 토성에서 다수 조사된 바 있다. 취사시설의 위치와 형태, 지역적 특성 등으로 볼 때, 1구역 1호 건물지의 취사시설은 한성기 백제 사람들이 사용하였던 부뚜막이었을 가능성이 높다.

1구역 1호 건물지의 형태와 취사시설
(재)경상문화재연구원

취사용기

백제 사람들은 취사시설에 맞춰 용기들을 사용하였으므로 점차 취사용기의 다양화가 이루어졌다. 화덕에는 원삼국시대의 영향으로 경질민무늬토기硬質無文土器를 올렸다. 백제의 경질민무늬토기는 불길이 고르게 닿도록 굽이 낮은 편이다. 또한 별도로 제작한 뚜껑을 덮어 사용함으로써 열효율을 높이고자 하였다.

'ㅣ'자 모양 구들과 'ㄱ'자 모양 구들의 경우, 아궁이 안이나 옆에서 계란 모양 토기長卵形土器와 시루甑가 출토되었고, 연도부 윗부분이나 아궁이 안에서 깊은 바리 모양 토기深鉢形土器가 확인되었다. 취사시설 주변에서 불에 그슬린 흔적이 있는 동이와 귀때토기注口土器, 솥釜 등이 발견되기도 하였다. 이를 통해 화덕에 비해 다양한 종류의 취사용기를 사용하였음을 알 수 있다.

계란 모양 토기는 주로 물을 끓였던 용기로 알려져 있다. 한성기는 바닥이 둥글며 몸체가 긴 편이었으며 점차 몸체가 짧은 형태, 바닥이 평평하면서 몸체가 긴 형태長胴化, 몸체에 전을 부착한 형태로 변하였다. 이 취사용기는 둥근 바닥을 부뚜막의 솥받침 위에 올리고 몸체를 솥걸이에 끼워 사용하였던 것으로 보이는데, 점토를 부착한 흔적과 불에 탄 자국이 한 방향으로 나타난다는 점을 통해서 알 수 있다.

솥도 계란 모양 토기와 같은 방식과 용도로 사용하였다. 몸체에 전을 두른 것이 특징이며, 토제와 철제로 구분한다. 토제 솥은 청주 봉명동 유적 출토품처럼 크기가 크지 않으며, 뚜껑을 덮은 경우도 확인되었다. 쇠솥은 사비기에 주로 썼으며, 익산 왕궁리 유적 출토품처럼 몸체가 길고 바닥에 돌기를 부착한 모습으로 만들었다.

계란 모양 토기와 솥은 주로 시루를 올려 사용한 것으로 보인다. 시루는 곡물을 증기로 익히는 찜기이다. 원삼국시대 화성 발안리 유적에서 물을 끓이는 항아리와 시루를 함께 사용하였음이 확인되었고, 이러한 조합은 백제에도 이어졌다. 한성기에는 계란 모양 토기 위에 올려 사용하였고, 사비기에는 쇠솥과 조합을 이루었을 것으로 보인다.

시루는 몸체에 손잡이가 있고, 바닥에 증기 구멍이 있는 것이 특징이다. 한성기 시루는 소뿔 모양 손잡이와 다양한 증기 구멍을 뚫었음이 확인되었다. 증기 구멍은 작은 원형을 여러 개 뚫거나 가운데에 큰 원형 구멍을 두고 주변에 원형·삼각형·사다리꼴 구멍을 배치한 모습으로 나타난다. 사비기에는 고구려의 영향으로 띠 모양 손잡이에 원형을 뚫은 모습으로 변하였다.

깊은 바리 모양 토기는 전 시기에 걸쳐 나타나며, 크기로 보아 적은 양의 조리에 적합하였을 것으로 추정한다. 바닥이 평평하여 별도의 장치 없이 세울 수 있었으므로, 솥걸이 주변이나 아궁이 안에서 숯불이나 잔불로 음식물을 익혔을 것으로 추정한다. 일부는 표면에 국물이 넘친 흔적이 남아 있어, 반찬이나 찌개 등을 끓이는 용도로도 사용하였음을 알 수 있다.

일반적으로 동이는 물과 술을 따르고 옮겼던 용기로 알려져 있지만, 일부는 그을음이 남아 있어 취사시설의 잔불로 물과 술을 데웠을 것으로 보기도 한다. 동이는 높이와 입지름의 크기가 비슷하며, 살짝 밖으로 벌어지는 입부분에 귀때를 만든 경우도 있다. 사용하기 편리하도록 몸체에 손잡이를 달았고, 바닥은 둥글거나 평평한 편이다.

이처럼 취사용기의 종류와 사용 모습을 통해 백제 사람들이 사용하였던 취사시설의 모습을 짐작할 수 있다. 한성기에는 취사시설에 시루를 얹은 계란 모양 토기를 고정해 두었고, 주변에 깊은 바리 모양 토기, 동이 등을 올려두었을 것이다. 본격적으로 솥을 사용하였던 사비기에는 계란 모양 토기 대신 쇠솥을 걸었으며, 여전히 깊은 바리 모양 토기, 동이를 주변에 둔 모습을 상상할 수 있다.

시루
(서울 우면동 유적)

취사시설 안에서 출토된 취사용기
(서울 풍납동 토성)
국립문화재연구소

계란 모양 토기
(서울 풍납동 토성)

쇠솥
(익산 왕궁리 유적)
국립부여문화재연구소

동이
국립부여박물관

깊은 바리 모양 토기
(서울 풍납동 토성)

평택 세교동 유적 부뚜막 출토 식기류 일괄

009 부뚜막 전사

爨轉寫

Transcription of Fireplace

서울 풍납동 토성
백제
길이 2,700, 너비 1,500

이 부뚜막은 서울 풍납동 토성 현대연립부지 수혈식 가-3호 주거지의 북동쪽에 조성된 것이다. 보존상태가 비교적 양호한 편이었으므로, 발굴조사 후 서울역사박물관에서 이전 복원하였고 지금은 한성백제박물관에서 보존, 관리하고 있다.

출입시설을 갖춘 오각형 수혈식 집에서 확인되었다. 평면 형태는 '八'자이며, 뒤로 갈수록 점점 높아지는 모습이다. 점토로 벽을 조성하고 점토와 토기를 섞어 천장과 굴뚝을 만들었다. 굴뚝과 연결하는 부분에는 판석을 세워 'ㄷ'자 모양으로 만들었으며, 집을 향해 큰 독을 엎어서 연기를 빨아들이도록 설계하였다.

부뚜막 앞에서 바닥을 얕게 판 구덩이에 강돌 4매를 올려둔 시설이 함께 확인되었다. 취사시설에 사용할 불씨를 보관하던 곳이거나 잔불로 음식물을 익히던 공간으로 보인다.

010 **솥받침**

支脚

Cauldron Stand

평택 세교동 유적
백제
현재높이 12.5, 10.6
국립공주박물관

솥받침으로 사용한 깊은 바리 모양 토기이다. 백제는 취사시설에 솥받침을 설치하여 취사용기의 무게를 분산시키고자 하였다.

솥받침은 대체로 돌이나 깊은 바리 모양 토기를 엎어서 사용하였다. 평택 세교동 유적에서는 깊은 바리 모양 토기를 솥받침으로 사용한 예가 다수 확인되었으며, 일부는 2개를 포개어 썼던 것으로 보인다.

(재)가경고고학연구소

011 **솥받침**

支脚

Cauldron Stand

평택 세교동 유적
백제
현재높이 9.4, 10.2
국립공주박물관

012 **아궁이 장식**
爐址用土製品
Fire Surrounds

서울 풍납동 토성
백제
현재길이 46.0, 41.5

아궁이 입구에 부착하였던 장식이다. 흙을 구워 만든 사례가 많은 편이며, 웅진기 이후에는 철로도 만들었으나 그 수량은 많지 않다. 주로 백제 생활 유적에서 확인되고 있어, 백제 취사시설의 특징으로 보기도 한다.

013 **아궁이 장식**

爐址用土製品

Fire Surrounds

충주 탑평리
백제
길이 100.1, 현재너비 37.0
국립청주박물관

014 **아궁이 장식**

爐址用土製品

Fire Surrounds

고창 봉산리 황산 유적
삼국
길이 31.9, 현재너비 73.3
국립전주박물관

015 **굴뚝**
煙筒
Stovepipe

충주 장미산성
백제
현재높이 41.2
국립청주박물관

016 **굴뚝**
煙筒
Stovepipe

고창 봉산리 황산 유적
삼국
높이 42.4
국립전주박물관

017 **굴뚝**
煙筒
Stovepipe

부여 쌍북리
백제
높이 197.0
국립부여박물관

백제는 원통 모양으로 굴뚝을 만들어 사용하였으며, 부여 쌍북리 출토 굴뚝처럼 2개로 만든 뒤에 결합하여 쓰기도 하였다. 굴뚝의 아랫부분은 위로 갈수록 좁아지는 형태이며, 몸체에 고리 모양의 손잡이를 부착한 것이 특징이다. 굴뚝의 윗부분은 위·아래의 차이가 크지 않은 원통 모양이다.

018 **굴뚝 장식**
煙家
Chimney Cap

부여 정동리
백제
현재높이 59.1
국립부여박물관

019 **굴뚝 장식**
煙家
Chimney Cap

서울 몽촌토성
백제
높이 13.9, 너비 18.8

020 **굴뚝 장식**
煙家
Chimney Cap

익산 왕궁리 유적
백제
높이 27.0, 너비 33.0
국립부여문화재연구소

021 **계란 모양 토기****
長卵形土器
Egg-shaped Pottery

서울 풍납동 토성
백제
높이 41.8, 입지름 23.3

계란 모양 토기는 솥걸이에 고정시켜 사용하였던 취사용기이다. 주로 물을 끓이는 데에 쓰였으며, 시루에 증기를 공급하는 역할을 하였다. 한성기부터 지속적으로 사용되었으며, 솥의 등장으로 비중이 줄어들게 되었다.

022 **계란 모양 토기**
長卵形土器
Egg-shaped Pottery

평택 세교동 유적
백제
높이 43.0, 입지름 22.0
국립공주박물관

023 **계란 모양 토기****

長卵形土器

Egg-shaped Pottery

서울 풍납동 토성
백제
높이 36.2, 입지름 22.7

024 **계란 모양 토기**
長卵形土器
Egg-shaped Pottery

서울 풍납동 토성
백제
높이 27.2, 입지름 17.3

025 **솥 모양 토기**

釜形土器

Cauldron-shaped Pottery

청주 봉명동 유적
백제
높이 14.7, 입지름 11.4
국립청주박물관

026 **솥 모양 토기**

釜形土器

Cauldron-shaped Pottery

예산 계정리
백제
높이 14.2, 입지름 23.2
국립부여박물관

027 솥 모양 토기

釜形土器

Cauldron-shaped Pottery

부여 논티 제사 유적
백제
높이 5.9, 입지름 13.7
국립부여박물관

028 솥 모양 토기

釜形土器

Cauldron-shaped Pottery

미상
삼국
높이 10.1, 입지름 11.8
국립전주박물관

029 쇠솥

鐵鍑

Iron Cauldron

익산 왕궁리 유적
백제
높이 36.8, 입지름 33.0
국립부여문화재연구소

익산 왕궁리 유적에서 출토된 사비기의 쇠솥이다. 입부분이 곧고, 몸체에 전을 둘렀으며, 둥근 바닥에 돌기를 부착한 모습이다. 전이 넓지 않아 솥받침과 함께 사용하였을 것으로 보인다.

030 **시루**
甑
Steamer

서울 풍납동 토성
백제
현재높이 30.7, 입지름 30.0

031 **시루**

甑

Steamer

화성 먹실 유적
백제
높이 21.3, 입지름 25.7
국립중앙박물관

032 **시루****
甑
Steamer

진천 석장리
백제
높이 24.0, 입지름 30.3
국립청주박물관

033 '增증'자가 있는 토기
增銘土器
Steamer with Inscription of '增'

부여 용정리 백제건물지 유적
백제
높이 23.8, 입지름 36.5
국립부여박물관

부여 용정리 백제건물지에서 출토된 토기이다. 표면에 '더하다, 늘리다'는 뜻의 '增증'자가 새겨져 있으나 정확한 의미는 알 수 없다. 출토 당시에 아랫부분이 파손된 상태였으므로 정확한 기종을 알기 어렵지만, 남아 있는 모습을 통해 시루 혹은 자배기로 추정되고 있다. 지금은 바닥에 원형의 증기 구멍이 있는 시루로 복원되었다.

034 **깊은 바리 모양 토기**
深鉢形土器
Deep Bowl

서울 풍납동 토성
백제
높이 7.5~13.5

깊은 바리 모양 토기는 백제 전 시기에 걸쳐 사용하였던 취사용기이다. 솥걸이나 아궁이 근처에서 취사시설의 잔열을 이용해 음식물을 익혔을 것으로 추정되고 있다.

035 **시루**

甑

Steamer

화성 발안리 유적
원삼국
높이 16.0, 입지름 19.7
국립중앙박물관

화성 발안리 유적에서 출토된 원삼국 시대의 시루와 항아리로, 두 기종을 함께 사용하였음을 알려주는 자료이다. 이러한 조합은 백제에도 영향을 주었다. 백제는 시기에 따라 계란 모양 토기나 솥과 함께 사용하였다.

(재)경기문화재연구원

036 **항아리****

壺

Jar

화성 발안리 유적
원삼국
높이 21.7, 입지름 16.5
국립중앙박물관

2. 먹거리와 식기

먹거리

백제는 바다와 강, 높고 낮은 산과 평야가 어우러진 곳에 위치하였기 때문에 삼국 중 가장 풍부한 식재료를 확보하였다. 백제 사람들은 일찍부터 농사를 지어 오곡으로 밥을 짓고 채소로 반찬을 만들어 먹었으며, 강에서 나는 민물고기와 서해·남해에서 채취한 해산물 및 소금, 산과 들에서 사냥한 짐승이나 사육한 가축, 과일 등을 섭취하였다.

옛 기록에는 백제 사람들이 무엇을 먹었는지 짐작할 수 있는 단서들이 실려 있다. 『삼국사기三國史記』 백제본기百濟本記에는 왕이 사슴을 사냥하였다는 기록과 서리가 내리거나 가뭄이 들어 보리·콩 농사가 망했다는 기록이 여러 번 나타난다. 흉년이 들어 금주령을 내렸다는 기록도 볼 수 있다. 서기 599년(법왕 1)에는 왕명으로 살생을 금하고 민가에서 기르는 매와 새매를 거두어 놓아주었으며, 고기 잡고 사냥하는 도구들을 태워버리게 하였다고 한다. 『삼국유사三國遺事』 기이紀異 무왕조武王條에 실린 서동요 설화에는 젊은 시절의 무왕이 마를 캐다가 파는 것을 생업으로 삼았다는 내용이 등장하기도 한다. 즉 보리·콩·마 등 오곡을 재배하고 수렵과 어로를 하였으며, 잉여 곡식이 생산될 경우 술을 빚어 마셨던 것이다. 특히 중국 화북·만주와 한반도 북부를 원산지로 하는 콩은 야생에서도 쉽게 구할 수 있으며 식물성 단백질의 공급원이기도 했고, 콩을 발효하여 된장·간장 등 기본 조미료를 만들 수 있기 때문에 주요 작물이었을 것이다.

공을 세운 신하에게 말이나 쌀 등을 상으로 내릴 정도로 쌀은 귀한 곡식이었기 때문에, 백제는 국가적으로 경작할 수 있는 농지를 확보하기 위하여 벼논稻田 개간사업과 제방 수축修築을 진행하였다. 『삼국사기』에는 남쪽 주군州郡에 왕명으로 벼 심을 논을 만들게 하였다는 기록과 벽골제를 축조하였다는 기록, 제방을 수리했다는 기록, 습지를 논으로 개간하도록 명했다는 내용이 나타난다. 자연적으로도 한강 유역 평야와 호남평야를 낀 백제는 삼국 중 벼농사에 제일 유리하였으며, 실제로 삼국의 유적 가운데 백제에서 가장 많은 쌀이 출토되고 있다. 쌀로 세금을 납부하기도 했는데, 『주서周書』 이역열전異域例傳에는 백제 사람들이 세금으로 베·명주·삼베 및 쌀 등을 바쳤다는 내용이 수록되어 있다. 다만 여러 기록과 정황상 피지배층이 쌀을 주식으로 먹었다고 보기는 어렵고, 지배계층이 주로 섭취했을 것이다.

또 백제는 고구려 계통의 북방 문화와 과거 마한의 식문화를 흡수하는 한편, 이른 시기부터 중국과도 긴밀한 교류를 하여 다채로운 음식 문화를 형성하였다. 『후한서後漢書』 동이열전東夷列傳에서는 마한 사람들이 농사와 양잠을 할 줄 알며, 큰 밤이 산출되는데 그 크기가 배만큼 크고, 꼬리가 긴 닭이 있는데 꼬리의 길이는 5척이나 된다고 하였다. 『위서魏書』 열전列傳에는 백제에서 오곡이 생산되고, 의복과 음식은 고구려와 같다고 하였다. 『주서』 이역열전에는 백제의 오곡과 각종 과일·채소 및 술·음식·반찬·의약품은 거의 중국과 같고, 낙타·당나귀·노새·양·거위·오리 따위는 없다는 내용이 수록되어 있다.

백제 영역인 서울·경기·충청·전라도 일대에서는 기록을 뒷받침하는 여러 고고학적 증거들도 발견되고 있다. 서울 풍납동 토성과 몽촌토성에서는 쌀·밀·팥·콩·기장·조·가래 등 곡물, 버섯류와 개암·가래·도토리 등 견과류, 잉어·붕어 등의 민물고기와 다슬기·자라, 복어·참돔·준치·조기·전어·농어·방어·상어 등 해수어, 재첩·고둥과 백합 등 패각류, 꿩·닭·말·돼지·소·사슴·노루 등을 섭취하고 폐기한 흔적이 확인되었다. 특히 다양한 종류의 어패류는 백제 사람들이 서해안에서 잡은 해산물을 자주 섭취했음을 보여준다. 이 중 풍납동 토성에서 발견된 참돔·복어 등 생선의 뼈가 가득 든 커다란 항아리는, 서해에서 난 생선과 소금을 넣어 젓갈을 만들어 장기 보관했을 가능성을 알려준다. 채소류의 유체나 씨앗이 밝혀진 경우는 거의 없지만 이것은 쉽게 썩어 없어지기 때문이므로, 백제 사람들은 다양한 종류의 채소류를 반찬 삼아 밥에 곁들여 먹었을 것이다.

웅진·사비기에도 먹거리의 종류는 크게 달라지지 않아, 공주 공산성 성안마을에서는 박 씨와 복숭아 씨, 불에 탄 쌀, 밤 껍질, 조개껍데기 등이 발견되었고, 부여 능산리 사지에서는 '梨[배]'·'淸麥[보리]'·'塩[소금]' 등의 글자가 적힌 목간木簡이 출토되기도 하였다. 한편 부여 관북리 유적의 목곽 창고에서는 참외·복숭아·다래·살구·머루·오이·수세미·고수 등 다량의 과일 및 향신료의 씨앗이 발견되었는데, 이곳은 고급 음식재료를 별도로 보관하던 왕실 창고로 추정된다. 이밖에 문헌이나 실물에서 확인되지 않는 많은 먹거리들이 존재했을 것이다.

서울 풍납동 토성 주거지 출토 기장
국립문화재연구소

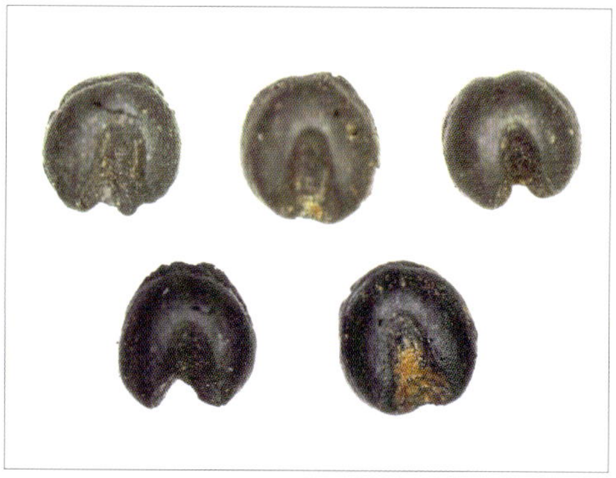

서울 풍납동 토성 주거지 출토 조
국립문화재연구소

부여 관북리 유적 목곽창고 출토 다래 씨
국립부여문화재연구소

부여 관북리 유적 목곽창고 출토 고수 씨
국립부여문화재연구소

부여 능산리 사지 출토 '塩[소금]'자가 적힌 목간
국립부여박물관

부여 능산리 사지 출토 '梨[배]' · '清麥[보리]'자가 적힌 목간
국립부여박물관

또 백제는 각종 약초를 재배·채집하는 관직을 상설하여 이를 의약과 식용으로 이용했던 것으로 보인다. 『일본서기日本書紀』에 따르면 553년(성왕 31) 백제가 일본에 의박사醫博士와 채약사採藥士를 보냈다고 하며, 부여 능산리 사지에서는 약재를 다루는 실무자로 추정되는 '약아藥兒'에게 곡식을 지급한 내용을 담은 '지약아식미기支藥兒食米記' 목간이 발견되기도 하였다. 특히 중국의 본초학서本草學書는 예로부터 삼국의 인삼을 구별하며 백제 인삼을 많이 사용한다고 기록하고 있어, 인삼이 백제가 수출하는 특산품이었음을 알 수 있다. 이밖에 『일본서기』에는 백제 태자 부여풍이 일본에서 양봉을 시도하였으나 실패했다는 기록이 나오는데, 백제에 일찍이 양봉술이 발전해 있었음을 짐작할 수 있다.

『수서隋書』 동이열전東夷列傳에 따르면 백제 사람들은 대개 화식을 하지 않았다고 한다. 이를 뒷받침하듯 익산 왕궁리 유적의 대형 화장실 바닥에서는 민물고기를 생식할 때 생기는 간흡충과 장내 기생흡충류가 확인된 반면, 육식을 할 때 생기는 조충의 알은 발견되지 않았다. 이를 통해 당시 백제 사람들이 고기 대신 생선회를 많이 섭취하였음을 알 수 있다. 또 채소를 먹을 때에도 중국인들처럼 모두 익히거나 볶아 먹는 대신 소금에 절이거나 조미료로 무쳐 먹는 경우도 많았을 것이다. 이러한 생식 위주의 식생활이 자리 잡은 데에는, 법왕 1년의 살생금지령의 예에서 보듯 채식을 권장하는 불교문화가 확산되었다는 점도 꼽을 수 있을 것이다. 어쨌든 부뚜막과 함께 다양한 조리도구가 발견된 것을 보면 백제 사람들은 생식과 화식을 병행하였던 것으로 보인다.

식기

백제 사람들은 보습과 자귀, 호미와 가래, 방아·절구 등을 활용하여 곡식을 생산·도정하였고, 화살·창·그물 등을 이용하여 물고기와 짐승을 잡았다. 이렇게 수확한 식량 중 쌀 등 장기 보관할 곡식은 마을 공동 창고에 저장하였고, 단기로 소비할 것들은 항아리壺와 독甕에 넣어 집 안팎에 만든 저장구덩이에 보관하다가 끼니마다 조금씩 섭취하던 것으로 보인다.

그들은 저장·조리·취식도구로서 다양한 종류의 식기를 사용하였는데, 현재 발견되는 대다수의 식기는 계란 모양 항아리와 시루, 솥, 독, 항아리, 바리鉢, 사발盌, 굽다리 접시高杯, 세발 토기三足器, 잔盞, 병甁, 장군橫缶, 합盒 등의 토기이다. 서울 사당동, 진천 산수리·삼용리, 부여 쌍북리·정암리와 청양 왕진리, 익산 신용리 및 고창 운곡리 등 토기 가마터도 여러 곳이 발견되었다. 서울 풍납동 토성에서도 초기 가마터 1기를 비롯하여 토기를 저장했던 것으로 추정되는 창고나 토기 제작 장인이 거주했던 것으로 보이는 주거지 등이 확인되었다.

서울 풍납동 토성 가마터
(현대연합주택 및 1지구 재건축 부지)
국립문화재연구소

서울 풍납동 토성 토기 저장구덩이
(현대연합주택 및 1지구 재건축 부지 가-3호 주거지)
국립문화재연구소

식기의 종류와 모양은 시대에 따라 달라졌다. 삼국이 성립하기 이전부터 사람들은 독과 짧은 목항아리短頸壺, 계란 모양 토기와 깊은 바리 모양 토기, 시루와 사발, 국자 등을 만들어 조리 및 배식용기로 사용하였다. 식문화가 분화되지 않았기 때문에 이때의 식기는 기종과 모양이 비교적 단순했다. 수저와 같은 개인용 식사도구도 존재하지 않았다.

삼국시대에 접어들면 계층이 엄격하게 구분되고 주·부식이 분화되면서 식기의 재료나 종류가 다양해진다. 백제의 경우 국가로서 성립하기 시작한 4세기 즈음부터 백제 토기로 특정할 수 있는 토기류가 등장하는데, 특히 백제의 영역을 크게 넓히고 동진東晉과 활발히 교류한 근초고왕(재위 346~375)대 이후로 이러한 변화가 두드러진다. 여기에는 낙랑·대방 유민들의 유입, 그리고 중국 진晉의 제도製陶 기술 및 식문화의 도입이 큰 역할을 하였다. 이 시기 백제가 수입한 중국 자기는 고구려·신라에 비해 훨씬 많았으며, 백제 토기의 발전은 중국 자기를 모방한 데서 출발한 것으로 본다.

한성기에는 곧은 입 항아리直口壺, 검은간토기黑色磨研土器, 굽다리 접시, 세발 토기, 뚜껑 접시蓋杯, 병, 장군, 손잡이 달린 잔把杯 등이 시간차를 두고 등장하였다. 이 중 중국제 세발 청동 대야三足青銅洗에서 영향을 받은 듯한 세발 토기는 의례용 또는 식품 공헌용供獻用 그릇으로 생각되며, 삼국 중 고구려와 백제 지역에서만 확인된다. 굽다리 접시는 제례용기 혹은 개인 배식용기로 사용되었으며, 신라와 가야에서는 화려하게 발전하였지만 백제의 것은 굽다리의 길이가 2~5㎝ 가량으로 훨씬 단순하고 낮은 형태이다. 이에 대해, 신라·가야에 비해 백제에서 반상이 일찍 발달하여 그 위에 낮은 굽다리 접시를 놓고 사용했기 때문이라는 견해가 있다. 병은 기존의 항아리에 비해 입구가 좁아 액체가 잘 쏟아지지 않도록 만든 진보한 형태의 그릇이다. 이는 중국에서 수입한 닭머리 모양 항아리鷄首壺나 청자 넓은 입 항아리青磁盤口壺 등의 영향을 받은 것이며, 차 문화의 확산과 관련이 있을 것이라고 추측하기도 한다.

웅진기에는 백제가 남쪽으로 영향력을 투사하면서 백제 토기가 지방으로 확산되는 한편, 구멍 단지有孔壺와 같은 영산강 유역의 지방 양식 토기가 백제 중앙에서도 나타나게 된다. 또 세발 토기가 대야盤 형태에서 접시杯 형태로 점점 소형화되고, 사발 역시 깊이가 점차 얕아지며 바리에서 접시와 같은 형태로 변화하는 경향을 보인다. 이는 개별 배식 문화가 정착되는 한편 음식의 종류가 다양해지며 서로 다른 양의 음식물을 담을 다양한 형태의 그릇이 필요해졌기 때문으로 추정된다.

이후 사비기에 접어들면 중국 양梁과의 교류로 세련된 형태의 그릇들이 증가하지만, 이는 중앙 지배계층에 한정되었던 것 같다. 일상용기로는 물을 길어 나르는 자배기가 증가하였다.

그밖에 백제 사람들은 칼·주걱·국자·수저 등과 더불어 '조두俎豆'라고 불린 도마 혹은 반상을 사용하였다. 무안 양장리나 아산 갈매리에서 출토된 백제 도마는 반복된 칼질로 윗면 중간부분이 오목하게 패인 자국이 남아 있다. 반상으로 보이는 유물은 아직 출토되지 않았다. 하지만 이러한 식기들은 대체로 나무로 만들었기 때문에 오늘날까지 남아 있는 예가 많지 않다.

서울 풍납동 토성 출토 낙랑 토기
국립문화재연구소

중국 위·진·남북조 세발 청동 대야
대만 국립고궁박물원

천안 화성리 고분 출토 중국제 청자 넓은 입 항아리
국립중앙박물관

지배계층의 식기와 식문화

백제는 4세기 즈음부터 중앙집권국가로 발돋움하며 중국과 활발한 교류를 하기 시작했다. 2008년 발굴된 서울 풍납동 토성 경당지구 196호 유구는 왕실 직속의 대형 창고로서 중국제 동전무늬 독錢文陶器甕을 포함한 유약을 입힌 도기施釉陶器 33점이 한꺼번에 출토되었는데, 이는 그 자체로 고가의 위세품은 아니지만 백제와 중국의 교섭 증거로 볼 수 있다. 항아리 안에서는 참돔과 복어 등 고급 어종의 뼈가 대량으로 발견되어 백제 지배계층이 먹었던 음식을 짐작케 한다.

서울 풍납동 토성과 몽촌토성에서는 지배계층의 거주 구역을 중심으로 닭머리 모양 항아리와 함께 돌절구 11점과 청자 사발 3점, 청동 자루솥鐎斗 1점 등 중국제 수입품이 발견되었다. 이에 대해 백제의 지배계층이 중국에서 수입한 차 도구茶具 혹은 술그릇酒器이라는 주장이 대두되고 있다. 자루솥은 본래 약이나 술·차·약 등을 끓이거나 데우는 데 사용한 용기로, 백제 사람들은 술을 데워서 마시는 풍습이 있었기 때문에 당시 지배계층이 중국에서 고급 자루솥을 수입하여 사용했을 것이라고 보는 것이다.

한편 차 문화를 영위하였다는 기록은 아직까지 발견된 바 없다. 하지만 불교의 전래와 차 마시는 풍습의 도입은 밀접한 관계를 갖고 있으며, 중국 남조南朝의 문벌귀족들 사이에서도 차 문화가 유행했던 만큼 백제에도 차 문화가 유입되었으리라는 추측이 가능하다. 당시의 차는 오늘날과 같은 잎차가 아니라 떡차餠茶였다. 이것을 절구에 넣고 갈아서 가루로 만든 다음 끓는 물을 부어 우려내었으며, 파·생강·귤과 같은 양념을 넣어 마시기도 하였다. 따라서 차를 마시기 위해서는 절구와 공이, 차를 끓이는 자루솥, 찻주전자와 찻잔 등을 한 세트로 하는 다구를 갖추어야 했고, 백제 지배계층이 중국에서 찻잎과 고급 다구를 함께 일괄로 수입하여 즐겼다는 것이다.

서울 풍납동 토성 출토 중국제 동전무늬 독 錢文陶器甕
한신대학교박물관

서울 풍납동 토성 출토 중국제 청자 사발
국립문화재연구소

이처럼 백제의 지배계층은 한성기부터 중국 문물과 제품의 수입에 열성적이었는데, 웅진·사비기에 이르면 중국 남조 및 고구려와의 교섭으로 그릇의 소성 방식과 기종에 변화가 생기면서 고급화와 규격화가 이루어진다. 이 시기에는 물레에서 그릇을 떼어낼 때 실끈으로 바닥을 잘라내는 기법, 그릇 몸과 뚜껑을 꼭 맞도록 성형하는 구절球切 기법, 수·당대 중국에서 유행한 만두 모양 가마饅頭窯 등이 도입되었다. 이때 제작된 것이 합, 전 달린 토기有顎土器, 굽 달린 사발臺付盌, 받침 있는 잔托盞, 옻칠도기, 청자를 모방한 녹유도기綠釉陶器 등 지배계층을 위한 고급 기종이다.

백제의 지배계층은 오래전부터 다양한 색깔의 옻칠을 입힌 목제품을 애용하였는데, 사비기에 들어오면서 일상용기로 옻칠제품이 확대된다. 서울 석촌동 고분군과 공주 공산성에서는 옻칠 갑옷이, 무령왕릉에서는 주칠朱漆과 흑칠黑漆이 되어 있는 베개와 발받침이 출토되었고, 부여 쌍북리에서는 칠기 잔과 접시, 항아리, 뚜껑, 수저 등이 확인되었다. 『신당서新唐書』 동이열전東夷列傳에는 백제의 섬 세 곳에서 황칠黃漆이 나는데, 6월에 나무에 구멍을 뚫어 진을 모으면 색이 금빛과 같다고 기록하고 있다. 지금도 남해 보길도와 호화도, 완도에서는 황칠을 생산하여 전남 나주에서 만드는 부채에 칠하고 있다.

수저는 중국 한대漢代부터 사용된 도구로 삼국시대에 한반도에 유입되었다. 그런데 고구려·신라는 오녀산성과 금관총·성산산성 등 일부 유적에서만 의례용 등으로 소수 발견된 것에 비해, 백제는 사비기의 여러 위계가 높은 유적에서 상대적으로 많은 양이 출토되었다. 백제 지배계층은 금속과 나무 등 다양한 재질로 수저를 만들어 사용하였을 뿐만 아니라, 삼국 중 유일하게 젓가락 자루에 구멍을 뚫어 고리나 끈으로 연결한 귀젓가락을 사용하기도 하였다. 이는 유독 백제의 지배계층을 중심으로 수저 문화가 유행하였으며 사비기에 점차 확산되었음을 의미한다. 다만 숟가락과 젓가락을 함께 사용하지는 않고 음식의 종류에 따라 숟가락만, 혹은 젓가락만 사용했던 것으로 보인다.

녹유 받침 있는 잔
국립중앙박물관

옻칠 사발
국립부여박물관

서울 풍납동 197번지 가-1호 주거지 출토 백제 토기 일괄

037 **불에 탄 곡물**
炭化穀物
Carbonized Grain

서울 몽촌토성·석촌동 고분군
삼국
길이 0.5~0.6

왼쪽 위부터 시계방향으로 쌀, 팥, 콩이다. 중국의 농서 『제민요술齊民要術』에는 저장 구덩이에 오곡을 저장할 때 이삭을 태운 후 탈곡해서 수납하면 벌레가 들지 않는다는 기록이 있다. 유적에서 발굴되는 곡식은 대부분 불에 탄 상태인데, 해충의 피해를 방지하고 곡식을 장기간 저장하기 위해 불에 태워 수증기를 탈취하고 건조한 상태로 만든 것으로 보인다.

038 **씨앗**

籽

Seed

서울 몽촌토성
삼국
길이 2.4~3.8

위는 복숭아 씨, 아래는 가래의 내과피이다.

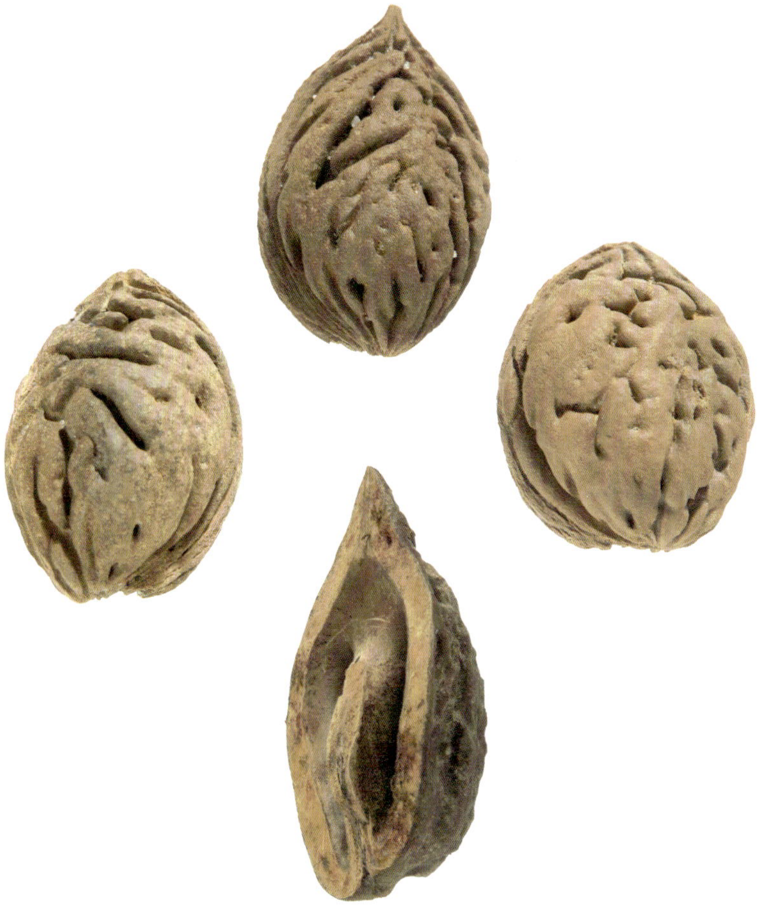

039 **열매**

果

Nut

서울 몽촌토성
삼국
길이 1.0~1.8

왼쪽은 개암, 오른쪽은 도토리이다.

040 **버섯**

菌

Mushroom

서울 몽촌토성
삼국
길이 4.2~11.0

041 **소 뼈**
牛骨
Cattle Bone

서울 몽촌토성
삼국
길이 8.5~21.0

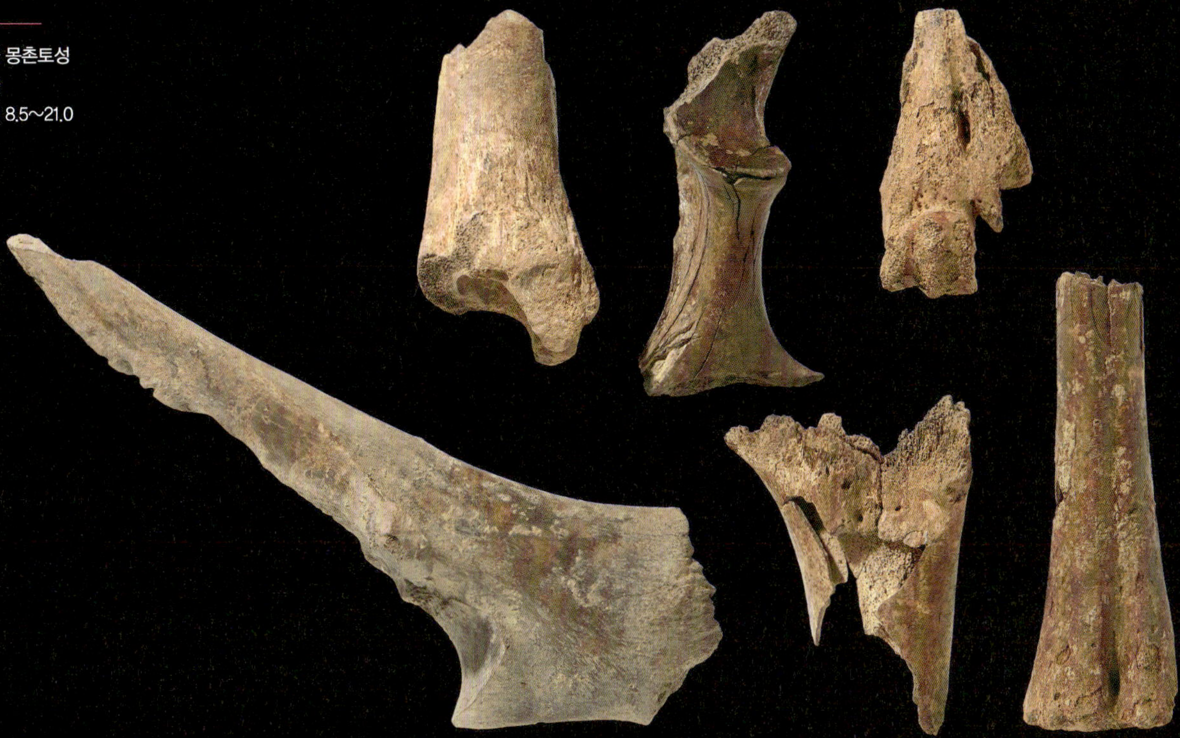

042 **돼지 뼈**
豚骨
Pig Bone

서울 몽촌토성
삼국
길이 11.0, 13.3

043 **말 머리뼈**
馬頭蓋骨
Horse Skull

서울 몽촌토성
삼국
길이 51.5

044 **말 뼈**

馬骨

Horse Bone

서울 몽촌토성

삼국

길이 7.0, 20.0

045 **사슴 뼈**

鹿骨

Deer Bone

서울 몽촌토성
삼국
길이 5.7

046 **새 뼈**

鳥骨

Bird Bone

서울 몽촌토성
삼국
길이 3.5

047 **조개**
貝殼
Seashell

서울 몽촌토성
삼국
길이 2.5~7.6

048 생선 뼈
魚骨
Fish Bone

서울 풍납동 토성
백제
길이 0.9~1.8

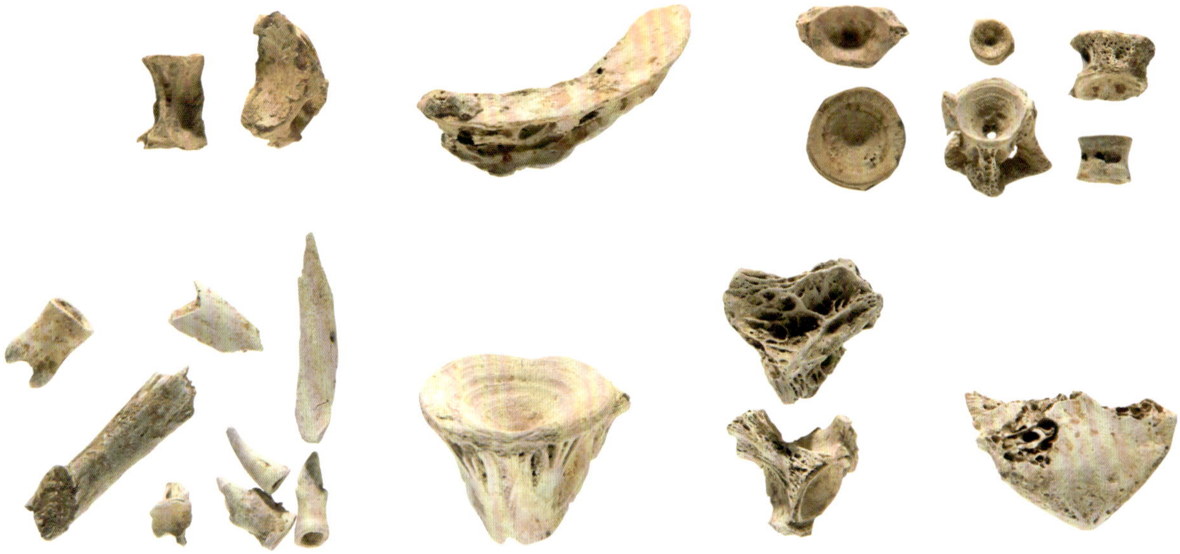

049 그물추
漁網錘
Fishing Net Sinker

서울 풍납동 토성
백제
길이 7.2, 지름 3.5

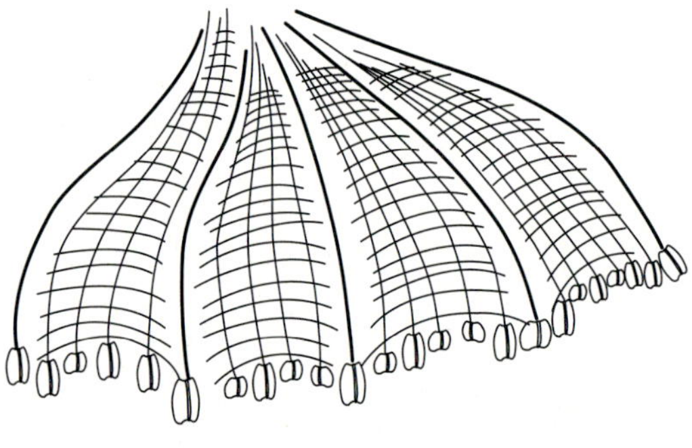

050 **짧은 목 항아리**
短頸壺
Short-necked Jar

청주 봉명동 유적
백제
높이 22.5, 입지름 14.5
국립청주박물관

051 **짧은 목 항아리**
短頸球形壺
Short-necked Jar

서울 풍납동 토성
백제
높이 25.8, 28.2, 입지름 17.3, 17.6

052 **뚜껑**
蓋
Lid

서울 풍납동 토성
백제
높이 3.4, 3.4, 지름 11.2, 21.8

053 **곧은 입 작은 항아리**
直口小壺
Small Jar with Straight Mouth

서울 풍납동 토성
백제
높이 7.4~8.1, 입지름 8.0~8.6

054 **곧은 입 항아리**
直口壺
Jar with Straight Mouth

평택 세교동 유적
백제
높이 20.5, 입지름 9.5
국립공주박물관

055 사발

盌

Bowl

서울 풍납동 토성
백제
높이 6.7, 7.3, 입지름 14.8, 15.3

056 사발

盌

Bowl

서울 풍납동 토성
백제
높이 5.7~8.8, 입지름 10.0~14.5

057 **굽다리 접시**
高杯
Mounted Vessel

평택 세교동 유적
백제
현재높이 10.8, 10.9
국립공주박물관

058 **뚜껑 굽다리 접시**

有蓋高杯

Mounted Vessel with Lid

서울 풍납동 토성
백제
높이 7.6, 입지름 12.0

059 **뚜껑 굽다리 접시**

有蓋高杯

Mounted Vessel with Lid

서울 풍납동 토성
백제
높이 7.7, 입지름 10.3

060 **세발 토기**
三足土器
Tripod Vessel

서울 풍납동 토성
백제
높이 8.0, 입지름 7.3

중국제 세발 청동 대야에서 영향을 받은 것으로 보인다. 의례용 또는 식품 공헌용 그릇으로 생각되며, 삼국 중 고구려와 백제 지역에서만 확인된다.

061 **세발 토기**
三足土器
Tripod Vessel

서울 풍납동 토성
백제
높이 9.0, 입지름 24.5

062 **세발 토기**

三足土器

Tripod Vessel

서울 풍납동 토성

백제

높이 7.2, 입지름 14.9

063 **세발 토기**

三足土器

Tripod Vessel

서울 풍납동 토성

백제

높이 4.3, 입지름 16.3

064 **병**
瓶
Bottle

평택 세교동 유적
백제
높이 14.1
국립공주박물관

065 **병**
瓶
Bottle

서울 풍납동 토성
백제
높이 12.2

066 **병**
瓶
Bottle

서울 풍납동 토성
백제
높이 12.8

067 **병**
瓶
Bottle

서울 우면동 유적
백제
높이 9.9

068 **장군**

横缶

Barrel-shaped Vessel

서울 우면동 유적

백제

높이 22.0, 지름 49.0

069 나무 도마**
木製俎
Wooden Cutting Board

부여 쌍북리 유적
백제
길이 28.3, 너비 18.3
국립부여박물관

백제 사람들은 '조두俎豆'라고 불린 도마 혹은 반상을 사용하였다. 부여 쌍북리에서 출토된 이 도마는 상판에 네 개의 네모난 구멍을 뚫고 그 모양에 맞춘 다리를 끼워서 사용한 것으로 보인다. 한 쪽에 움푹 패인 자국이 남아 있는데, 무안 양장리나 아산 갈매리에서 출토된 백제 도마 역시 반복된 칼질로 윗면 중간 부분이 오목하게 패인 자국이 남아 있다.

070 **긴 몸 항아리**

長胴壺

Jar with Elongated Body

서울 풍납동 토성

백제

현재높이 40.6, 현재지름 31.3

071 **긴 몸 항아리**

長胴壺

Jar with Elongated Body

서울 풍납동 토성

백제

높이 45.9, 지름 36.6

072 **유약을 입힌 항아리**
施釉陶器甕
Glazed Jar

서울 풍납동 토성
백제
높이 59.0, 지름 58.8

왕실 직속 대형 창고로 추정되는 서울 풍납동 토성 경당지구 196호 유구에서 발굴되었다. 중국제 유약을 입힌 도기로 백제와 중국의 교섭 증거로 볼 수 있다. 항아리 안에서는 참돔과 복어 등 고급 어종의 뼈가 대량으로 발견되었다.

073 **유약을 입힌 항아리**

施釉陶器甕

Glazed Jar

서울 풍납동 토성
백제
높이 55.9, 지름 58.1

074 **청동 자루솥***

青銅鐎斗

Bronze Tripod Cauldron with Handle

서울 풍납동 토성
백제
높이 21.7, 너비 20.8
국립중앙박물관

075 **흑유 닭머리 모양 주전자***

黑釉鷄首壺

Black-glazed Ewer with Chicken Head

천안 용원리 9호 돌방무덤
백제
높이 16.4
국립공주박물관

중국에서 수입한 흑유 닭머리 모양 항아리이다. 술 또는 차를 담는 주전자로 사용되었으며 중국에서 차 문화가 유입된 증거로 생각하기도 한다.

076 공이

石杵

Pestle

서울 몽촌토성

삼국

길이 11.0, 11.0

077 돌절구

石臼

Stone Mortar

서울 몽촌토성

삼국

높이 14.3, 입지름 13.5

크기가 작아서 곡물보다는 양념이나 약, 차 등을 갈았던 도구로 생각된다. 특히 중국 남조에서 유행하던 떡차를 음용하기 위해서는 먼저 절구에 넣고 갈아서 가루로 만들어야 했기 때문에, 절구와 공이 등을 다구로 보고 백제에 차 문화가 유입되었던 증거로 생각하기도 한다.

078 **돌절구**

石臼

Stone Mortar

서울 우면동 유적

백제

높이 11.1, 입지름 12.6

079 **절구 모양 토기**

臼形土器

Mortar-shaped Pottery

청주 가경4지구 유적

백제

높이 9.0, 입지름 11.3

국립청주박물관

080 **나무 주걱**
木製飯臿
Wooden Paddle

부여 구아리 유적
백제
길이 29.6, 너비 5.3
국립부여박물관

081 **나무 주걱**
木製飯臿
Wooden Paddle

부여 쌍북리 유적
백제
길이 29.7, 너비 8.4
국립부여박물관

082 나무 숟가락
木製匙
Wooden Spoon

공주 금성동 유적
백제
길이 13.7, 너비 4.2
국립공주박물관

083 나무 숟가락
木製匙
Wooden Spoon

부여 가탑리 유적
백제
길이 16.7, 너비 3.3
국립부여박물관

084 칠기 숟가락
漆匙
Lacquerware Spoon

부여 쌍북리 현내들 유적
백제
길이 19.5, 너비 3.0
국립부여박물관

085 동 숟가락
銅製匙
Copper Spoon

부여 관북리 추정왕궁지
백제
길이 23.7, 너비 4.5
국립부여박물관

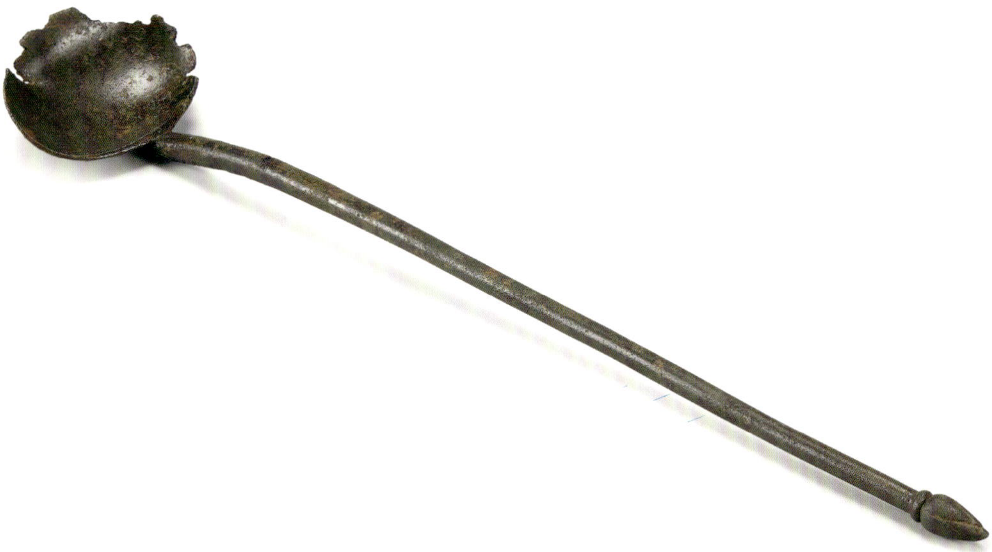

086 나무 젓가락

木製箸

Wooden Chopstick

부여 능산리 사지
백제
길이 21.8
국립부여박물관

087 청동 젓가락

青銅箸

Bronze Chopstick

임실 석두리 I 유적 2호분 1호 돌방무덤
삼국
현재길이 19.2
국립전주박물관

COLUMN 2.

삼국의 특별한 부엌

박경신 숭실대학교 한국기독교박물관 학예과장

삼국의 부엌 모습은 취사시설을 통해 확인이 가능하다. 삼국의 취사시설은 집자리의 형태와도 연동되는 특징이 있다. 우선 고구려의 이른 시기 집자리는 방형에 가깝다. 삼국이 고대국가로 완성된 기원후 4세기 이후에는 지상식의 건물에 거주하게 된다. 고구려는 일찍부터 외줄구들을 사용하였다. 고구려의 외줄구들은 한 줄로 만든 것도 있지만, 두 줄로 만든 구들도 있다. 고구려의 외줄구들은 구들의 측면에서 불을 지펴 직각으로 꺾어 배연하는 구조적 특징이 있다. 고구려의 중심지였던 황해남도 안악군의 안악 3호분에는 측면에서 불을 지펴 조리하고 있는 부엌 벽화가 사실적으로 표현되어 있다. 중부지역에서도 고구려의 외줄구들이 발견된다. 대표적인 유적으로는 구의동 보루, 아차산 제4보루, 아차산 시루봉 보루 등이 있다. 그리고 무덤에 껴묻거리로 넣어 두었던 부뚜막 모양 명기에서도 동일한 구조의 외줄구들이 확인되는데 평안북도 운산 용호동 1호분 출토품이 대표적이다. 용호동 1호분 출토품은 철로 만든 부뚜막으로 길이가 67.2㎝에 달한다. 이와 같은 부뚜막 모양 명기는 삼실총, 장천 2호 및 4호, 만보정 1368호, 환인장군분, 마선구 1호, 산성하 217호, 태왕릉 등 고구려의 각지 고분에서 많이 출토되었는데 대부분이 흙으로 만든 것이다. 이러한 특징적인 구조의 고구려 구들은 발해로 계승되는데 발해의 궁성으로 알려진 상경 용천부에서도 동일한 구조의 구들이 발견된다. 차이점이 있다면 두 줄에 그친 구들이 여러 줄로 발전한다는 것이다.

백제의 중앙 집자리는 육각형 구조로서, 원삼국시대까지는 점토띠식 화덕이나 외줄구들을 사용한다. 외줄구들은 집의 뒷벽에 설치한 것(후벽부 외줄구들)과, 집의 옆벽에 설치한 것(측벽부 외줄구들)이 모두 확인된다. 중부지역은 기원후 3세기부터 부뚜막이 등장하여 지방으로 빠르게 확산된다. 백제 부뚜막의 구조적 특징은 2가지이다. 먼저 솥걸이가 1개인 것도 있지만 복수로 만든 경우도 있다. 두 번째, 불을 정면에서 지펴 직선적으로 배연하는 구조로서 고구려의 외줄구들과 큰 차이를 보인다. 이러한 부뚜막 구조는 중국의 화상석 고분에서 많이 발견된다. 따라서 백제의 부뚜막은 중국에서 들어왔을 가능성이 높다. 한편 백제 고분으로는 처음으로 하남 감일동 무덤에서 부뚜막 모양 명기가 출토되었는데, 고구려의 명기와는 달리 정면에서 불을 지피는 구조이다. 같은 점이 있다면 끝에 굴뚝이 달려 있다는 점이다. 백제의 지방에 해당하는 경기도 서부지역에서는 방형 집자리가 유행하는데 집 내부에 큰 기둥 4개를 등간격으로 설치한 4주식 집자리이다. 이 집자리에는 부뚜막보다는 외줄구들이 많이 사용되는데 주로 점토로 만든 것이다. 그런데 한성백제 종말기에는 생토를 파서 구들골로 사용한 기반토식 외줄구들이 유행하며, 이후 신라의 외줄구들로 연결된다.

신라의 집자리는 원형이나 타원형 형태로서 삼국의 다른 나라와는 다른 모습을 보인다. 사로국斯盧國 시기에는 조리 공간은 판석을 사용하여 만든 외줄구들을 사용하는데 사천 늑도 유적의 집자리들이 대표적이다. 그런데 삼국시대가 되면 판석 대신 점토를 이용해 고래를 만든다. 한편, 신라의 집자리에는 백제에서 유행하던 부뚜막이 발견되지 않는다. 신라에도 부뚜막 모양 명기가 확인되는데 마치 이동식 화덕과 같은 구조이다. 대표적으로 경산 임당DⅡ-215호 무덤, 전傳 금관가야 궁허지, 김해 봉황대 출토품이 있다. 신라의 부뚜막 모양 명기는 공통적으로 아궁이 입구에 모자의 챙과 같은 돌출부가 있는 것이 특징이다. 그리고 아궁이와 솥걸이만 있을 뿐, 굴뚝이 없는 형태로서 마치 이동형 풍로와 같은 형태를 띠고 있다.

이와 같이 삼국은 집자리 형태와 집 안의 부엌 공간이 서로 다른 모습이었다. 그리고 무덤에 들어간 부뚜막 모양 명기 역시 형태와 구조가 제각각이었다. 부엌의 다양성은 다양한 음식문화가 발달할 수 있는 좋은 토양이 되었다.

고구려	 황해도 안악 3호분 벽화 〈부엌〉	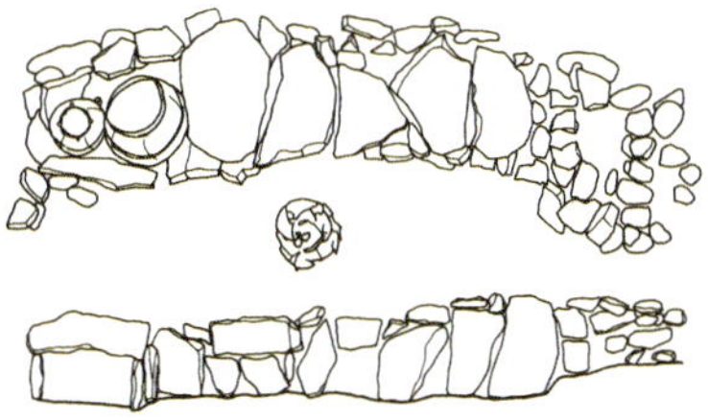 서울 구의동 보루	 평안북도 용호동 1호분 출토 부뚜막 모양 명기
백제	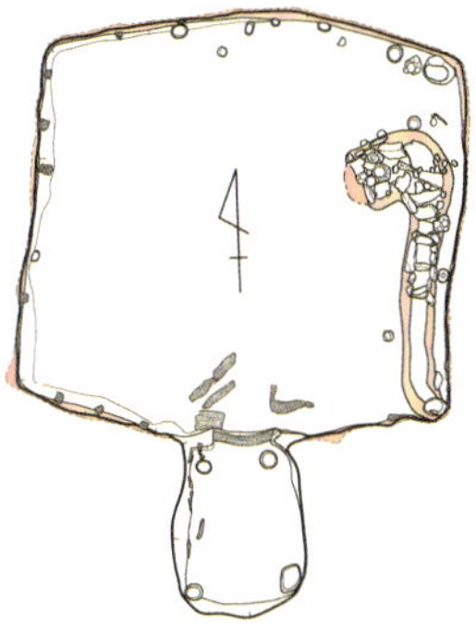 광주 곤지암리 2-1-63호 집자리	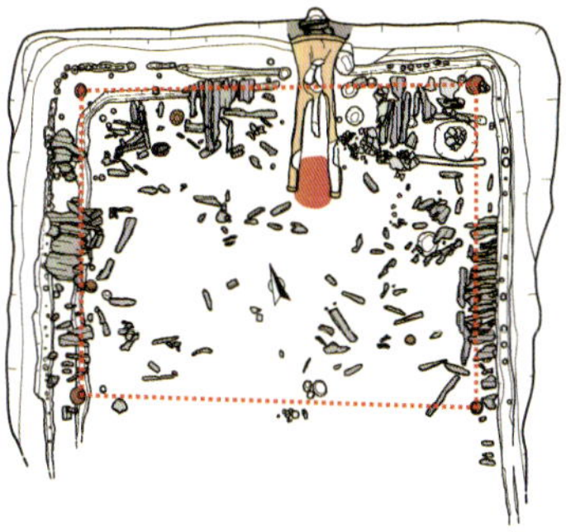 인천 남촌동 고래실골 28호 집자리	 하남 감일동 무덤 출토 부뚜막 모양 명기
신라	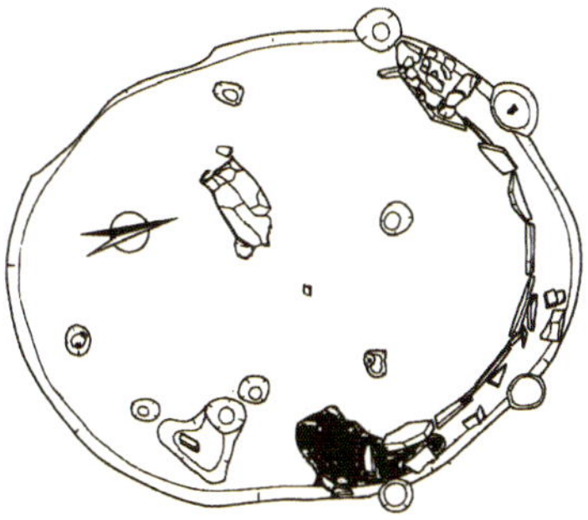 당성 평촌리 1호 집자리	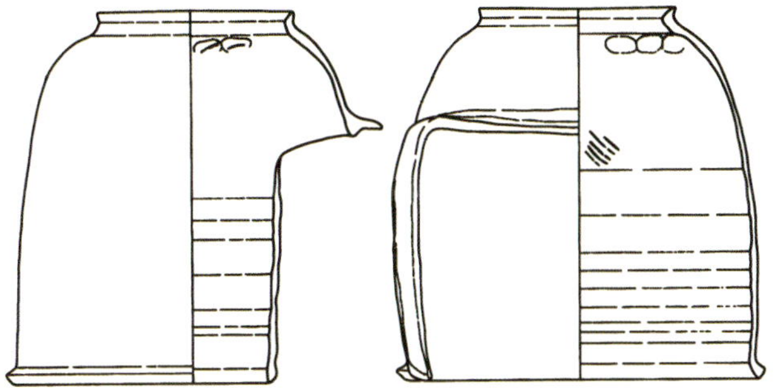 경산 임당DⅡ-215호 무덤 출토 부뚜막 모양 명기	

III

고구려의
부엌

고구려

1. 부뚜막

부엌 구조와 취사시설

고구려의 부엌은 크게 기둥과 기와를 얹은 고정식 부엌과 초본류草本類를 얹은 간이식 부엌, 벽이 있는 폐쇄식 구조와 사방이 뚫린 개방식 구조로 구분된다. 이러한 부엌 구조는 그 당시 무덤 주인의 생활 모습을 재현한 고구려 고분벽화에 잘 나타나 있다. 먼저, 고구려의 대표적인 벽화 무덤인 안악 3호무덤의 부엌 모습을 보면 고정식·폐쇄식 구조가 보인다. 부엌 건물은 네 귀퉁이에 기둥을 세우고 기와로 맞배지붕을 올렸으며 측면에 출입문과 벽체를 세웠다. 씨름무덤角抵塚의 부엌은 네 개의 얇은 기둥 위에 초본류로 지붕을 엮어서 만든 개방식 간이 부엌이다. 부뚜막은 하단부가 훼손되어 정확히 알 수 없으나 처마 안쪽 우측에 달린 굴뚝으로 연기가 나가는 구조이다. 춤무덤舞踊塚 부엌은 기와를 얹은 맞배지붕에 개방식 구조이다. 부뚜막은 이동식을 사용하였을 가능성이 있으며 우측 처마 밑에 굴뚝이 확인된다.

다만 고분벽화에 표현된 부엌과 그 속의 부뚜막 모습은 지배 계층이 사용했던 부엌 모습에 가깝다. 벽화에 표현된 부엌 모습을 통해 당시 고구려의 상류층 부엌은 단독으로 독립되어 있었음을 알 수 있다. 또한 부엌에 딸린 우물·방앗간·푸줏간 등의 부속 시설도 독립된 별채로 공간이 나뉘어 구분되어 있다.

고구려의 취사시설은 무덤 벽화와 고분·관방關防·생활유적 출토품이나 주거지 내 취사 흔적을 통해 알 수 있다. 안악 3호무덤에 그려진 부엌의 부뚜막을 보면 'ㄱ'자 모양의 긴 굴뚝과 아궁이 사이에 거리가 있다. 또 평북 운산 용호동 1호무덤에서 출토된 철제 부뚜막 명기明器의 경우에도 아궁이가 측면에 위치하면서 아궁이와 굴뚝이 서로 먼 반대 방향에 놓여 있다. 이러한 구조가 바로 고구려 부뚜막의 특징이다. 이렇게 아궁이와 굴뚝 사이에 거리를 둔 것은 굴뚝으로 들어오는 맞바람을 막아 불이 잘 들게 하면서, 동시에 부뚜막을 구들과 연결하여 음식 조리와 난방을 겸하기 위함이었다. 조리와 난방을 겸하도록 만들었다는 점에서 고구려 부뚜막은 이웃하던 중국의 부뚜막과 다르다. 중국에서 부뚜막은 음식 조리만을 위해 만들어지고 사용되었기 때문에 불을 넣는 아궁이와 연기가 나가는 굴뚝이 'ㅣ'자를 이루고 그 사이 거리가 짧다.

또한 고구려의 부뚜막은 조리할 그릇을 올리는 솥걸이가 하나인 것이 일반적이다. 이는 보통 솥걸이가 세 개이거나 그 이상인 중국 한대漢代~당대唐代 부뚜막과 대조되는 부분으로 고구려 부뚜막의 용도 및 구조, 음식 문화의 특징을 보여준다. 부뚜막 아궁이에 불을 땠을 때 조리에 소모되는 열량을 가능한 한 줄여 이를 난방에 사용하려는 의도가 바탕에 깔리면서 아궁이의 방향, 부뚜막 솥걸이의 수, 구들의 길이, 굴뚝의 방향이 결정된 까닭이다. 따라서 고구려에서는 주식만 아궁이에 땐 불로 만들었으며, 부식은 따로 불로 조리하지 않았던 것으로 추정할 수 있다.

안악 3호무덤 〈부엌〉

씨름무덤 〈부엌〉

고분명	도면	
	윗면	옆면
평북 운산 용호동 1호무덤 2~3세기	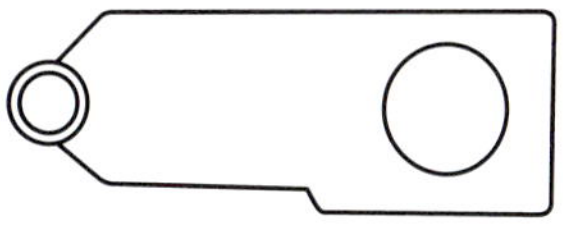	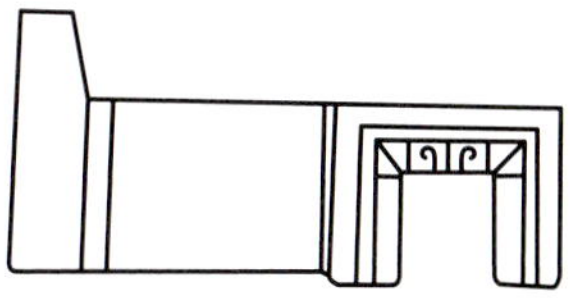
중국 집안 만보정 1368호무덤 4세기 중반	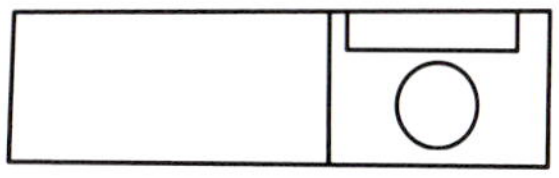	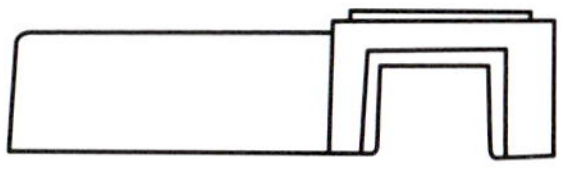
중국 집안 삼실무덤 5세기 중반	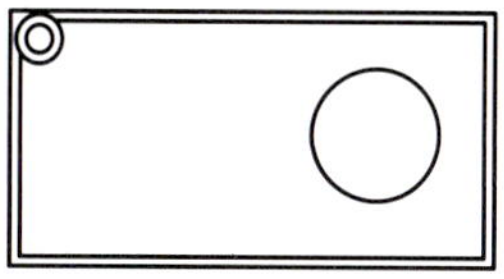	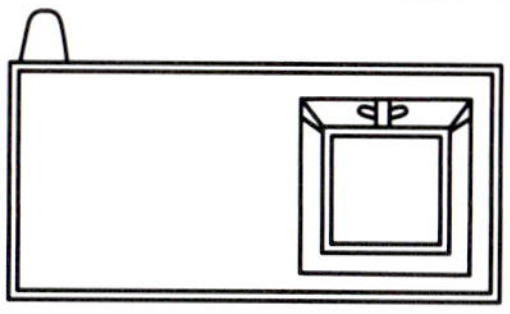
중국 집안 장천 4호무덤 5세기 중반~6세기 초	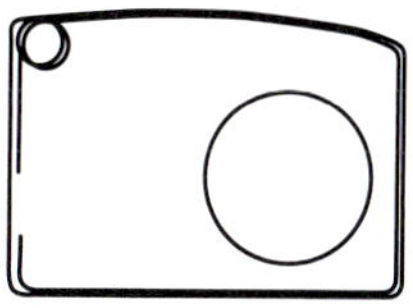	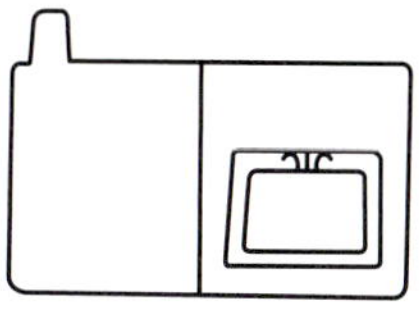

고구려 무덤 출토 부뚜막 모양 명기

한편 고구려의 생활유적에서도 취사시설을 확인할 수 있다. 지배층이 거느리던 권속眷屬이나 군현의 백성들은 움집에 거주하면서 단독 부뚜막보다는 취사와 난방이 가능한 구들을 사용하였을 가능성이 높다. 이러한 사실은 중국의 『구당서舊唐書』와 『신당서新唐書』의 "사람들은 모두 겨울에 긴 장갱長坑을 만들고, 그 아래에 불을 지펴서 방을 따뜻이 한다[民盛冬作長坑 溫火以取暖]."라는 기사에서도 확인할 수 있다. 주거지 내부의 벽을 따라 설치한 '장갱'은 구들을 가리키는 것으로, 고구려에서 이 구들이 곧 취사를 겸하는 시설이었음은 평남 북창 대평리 제2호 집자리 동쪽 벽 가까이에 놓인 구들을 통해 알 수 있다. 또 고구려 귀족계급의 주거지인 중국 집안 동대자 유적에서도 아궁이 근처에서 발견된 쇠솥과 함께 'ㄱ'자 모양 구들이 발견되었다.

남한 지역 고구려의 군사 요새 일대에서도 아궁이와 함께 다량의 취사용기 및 식기류가 발견되었다. 구들은 부뚜막과 연결되어 주로 취사용으로 이용되었다. 서울 구의동 보루에서는 'ㅣ'자 모양 구들과 함께 아궁이 위에서 쇠솥과 시루, 쇠항아리가 출토되었다. 할석割石을 세우고 그 위에 판석板石을 덮고 짚을 섞은 흙으로 틈을 채웠고, 구들의 남쪽 끝에 아궁이를 설치하였다. 서울 용마산 2보루에서는 'ㄱ'자 모양 구들이 발견되었는데 아궁이 앞에서 완형의 전 달린 접시耳杯와 접시가 다수 확인되었다. 인근 아차산 4보루의 경우에는 아궁이에서 쇠솥이 확인된 예는 하나도 없으나 건물지 내부에서 'ㄱ'자 모양 구들과 'ㅣ'자 모양 구들이 모두 나타난다. 부뚜막만 본다면 아궁이 좌우에 붓돌을 세우고 그 위에 기다란 이맛돌을 올려서 만든 부뚜막의 전형적인 형태이다. 아궁이 가운데에는 좁고 긴 돌을 세워 놓은 경우가 많은데, 아궁이에 걸린 솥의 밑바닥을 받치기 위한 솥받침돌로 추정된다.

이러한 관방유적에서는 부뚜막 주위에서 굴뚝煙筒이 다수 출토되었다. 굴뚝을 조금 더 자세히 살펴보면, 고분벽화에서 보았던 굴뚝은 모두 처마 밑에 있었던 반면, 구의동 보루와 아차산 4보루의 경우 굴뚝이 지붕을 뚫고 외부로 돌출된 것으로 추정되어 차이를 보인다. 고구려 초기에는 굴뚝이 주거지 내부에 있다가 후기로 갈수록 주거지 외곽으로 길게 뻗어 배연되는 형태로 바뀌었음을 추정해 볼 수 있다.

이밖에 서울 몽촌토성에서도 취사시설과 관련된 고구려 굴뚝 장식煙家을 포함한 상당수의 고구려 토기들이 출토되었고, 고구려계의 'ㄱ'자 모양 구들도 발굴되었다. 아마도 한성을 함락시킨 고구려군이 상당 기간 주둔하며 고구려식 취사시설을 활용하였던 것으로 보인다.

돌로 만든 부뚜막과 함께 'ㄱ'자나 'ㅣ'자 모양의 외줄구들로 구성된 취사시설은 이처럼 집 밖에 독립된 시설이 아니라 네모꼴이나 직사각형의 지상 주거지 내에 위치하며, 고구려 중심지보다는 외곽의 군사 주둔지, 평지보다는 산성에서 주로 발견되어 하층민과 더불어 변경의 병사들이 선호했던 것으로 보인다.

서울 용마산 2보루 2호 온돌 아궁이 앞 유물 출토 모습
서울대학교박물관

서울 몽촌토성 건물지 내 고구려계 'ㄱ'자 모양 구들
서울대학교박물관

취사용기

고구려의 취사용기는 깊은 바리 모양 토기深鉢形土器, 시루甑, 솥釜 등이 대표적이다. 각각의 취사용기는 서로 다른 조리법에 활용된다.

손잡이帶狀把手가 달린 깊은 바리 모양 토기는 이른 시기의 고구려 토기의 대표적인 용기이다. 특히 한강 유역의 고구려 관방유적에서 출토된 깊은 바리 모양 토기 대부분이 취사공간이 있던 온돌 건물지에서 출토되었으며, 그중 상당수는 겉면에 불을 맞은 흔적(취사흔)이 확인되어 실제 직접 불을 맞는 취사용기로 사용되었음을 알 수 있다. 아궁이 앞이나 화덕자리爐址에서 물이 적은 액상 음식물이나 반찬류의 조리 등에 사용되었을 것으로 추정된다.

다만 깊은 바리 모양 토기는 중국 환인 오녀산성 출토 사례에서 볼 수 있듯이 초기에는 주로 화덕에서 음식의 조리에 사용되다가, 중·후기가 되면 쇠솥과 시루를 사용한 취사방식이 등장함에 따라 부수적인 용도로 변하였을 것으로 추정된다. 또한 오녀산성에서는 철제 귀 달린 깊은 바리兩耳深鉢도 출토되는데, 토제 바리와 같은 용도의 실생활 용기로 사용되었을 것으로 보인다.

불 맞은 흔적이 있는 구리 아차산 시루봉 보루 출토 깊은 바리 모양 토기
서울대학교박물관

중국 환인 오녀산성 출토 철제 귀 달린 깊은 바리
양시은(충북대학교)

『삼국사기三國史記』에서는 기원후 21년(대무신왕 4)에 고구려의 병사들이 솥에다 밥을 해 먹었다는 사실이 나온다. 일반적으로 고구려는 솥 모양 토기와 쇠솥을 모두 사용하였다. 주로 청원 남성골 산성, 홍련봉·용마산·시루봉·아차산 보루 등 남한 지역의 고구려 관방유적에서 출토되었다. 쇠솥은 솥 모양 토기보다 내구성이 좋아 취사용기로서 보다 적합했을 것이다. 또 열의 전달을 빠르게 하고, 대신 수분이 취사용기로 스며드는 것을 방지하여 조리 시의 양과 물을 적당하게 조절할 수 있다. 그러나 쇠솥은 철수 시 회수해 갈 정도로 당시 중요한 군수물자 중 하나로 풍족하게 보급되기는 힘들었다. 이러한 이유에서 동일한 형태의 솥 모양 토기를 만들어 쇠솥과 함께 사용하였을 것으로 추정되므로, 솥 모양 토기는 고구려 전 시기에 걸친 실생활 취사용기로 볼 수 있다.

시루는 바닥에 뚫린 구멍을 통해 올라오는 증기로 음식을 조리하였으며 쇠솥과 함께 결합하여 사용되었다. 솥을 걸고 그 위에 시루를 얹은 모습은 안악 3호무덤과 약수리 무덤 벽화의 부뚜막 모습이나 구의동 보루 출토품을 통해 확인할 수 있다. 안악 3호무덤 벽화의 시루와 결합한 용기는 곧게 선 입에 둥근 몸통을 갖고 있어 솥을 사용한 것으로 보인다. 약수리 무덤 벽화의 부뚜막에서도 아궁이에 시루를 얹은 솥을 걸었는데 시루에 그린 무늬와 솟아오르는 김까지 잘 표현되어 있다. 구의동 보루에서는 시루와 쇠솥이 아궁이에 걸린 채 쇠항아리와 나란히 출토되었다. 시루 바닥에서 높이 5cm 가량 되는 지점에 녹이 묻어 있는데, 이 지점의 지름이 아궁이에 걸린 채 발견된 쇠솥의 입지름과 일치한다. 고구려 군사들이 실제로 쇠솥과 시루를 결합하여 음식을 조리해 먹었던 증거이다.

고구려의 시루는 손으로 들기 쉽게 손잡이가 부착되어 백제 및 신라, 가야 토기와 구분되는 특징이 있다. 용마산 2보루에서도 손잡이가 달린 시루가 출토된 바 있으며, 오녀산성 주거지에서도 손잡이가 달린 형태의 시루와 쇠솥이 출토되었다.

시루는 몽촌토성에서 출토된 시루처럼 바닥에 작은 구멍을 무질서하게 여러 개 뚫은 것과 구의동·시루봉 보루 출토품처럼 구멍이 크고 가운데 구멍을 중심으로 주위에 4~6개의 구멍을 정연하게 뚫은 형태가 있다. 고구려의 주된 곡물이 밭작물이었음을 고려한다면, 솥에서 끓이는 것보다는 시루에서 증기를 이용하여 찌는 것이 전분을 젤라틴화糊化하는 데 효과적이었을 것이다. 구멍이 커지면 음식을 찔 때 더 많은 수증기가 올라가는 것이 가능해지기 때문에 큰 구멍을 중심으로 한 것이 작은 구멍이 여러 개 있는 것보다 발달한 형태로 추정된다.

서울 구의동 1보루 온돌 아궁이에 올려진 채 출토된 쇠솥과 쇠항아리
서울대학교박물관

서울 몽촌토성 북문지 내측 출토 시루 바닥 조각

서울 구의동 보루 출토 시루 바닥
서울대학교박물관

구리 시루봉 보루 출토 시루 바닥
서울대학교박물관

088 **안악 3호무덤 〈부엌〉 (모사도)**

安岳三號墳 廚房

<Kitchen>, Anak Tomb No. 3

북한, 1990년대 제작, 김영엽 기증
안악 3호무덤 앞방 동쪽 곁방 동벽
고구려
172.0×291.0

안악 3호무덤에 그려진 부엌 모습이다. 부엌에서는 여인들이 음식을 장만하고 있다. 불이 지펴진 아궁이에 시루가 놓여 있는데 아래 시루와 결합한 용기는 솥으로 보인다. 한 여인이 오른손으로 작은 단지에서 음식을 국자로 떠서 시루 안에 넣고, 왼손으로는 조리 도구로 시루 내부를 저으며 음식 간을 맞추고 있는 모습이다. 조리하는 공간 옆에서는 조리한 음식의 상차림을 하는데, 상다리가 밖으로 휜 소반 위에 접시로 보이는 그릇이 겹겹이 쌓아 올려 있다. 부엌 옆 푸줏간에는 사냥에서 잡은 꿩, 돼지, 노루 등의 털을 벗겨 걸어놓았다.

089 철제 이동식 부뚜막*

鐵製爐

Iron Portable Cooking Stove

평안북도 운산면 용호동 제1호무덤
고구려
높이 29.1, 길이 67.2
국립중앙박물관

주조 방식으로 만들어진 철제 부뚜막으로, 1918년에 평안북도 운산 용호동 1호 돌방무덤의 널방으로 추정되는 곳에서 봉황 모양 꾸미개, 금동 맞새김 꾸미개金銅透彫金具, 토기 등과 함께 출토되었다. 전체적인 형태를 보면 안악 3호무덤 부엌 그림에 보이는 부뚜막의 축소판이다. 긴 연소부 한쪽에 아궁이와 솥받침을 만들고, 반대쪽에 'ㄱ'자 모양으로 꺾이는 굴뚝을 붙인 모양으로, 굴뚝을 아궁이 바로 위에 두지 않고 반대쪽 끝에 달아서 아궁이와 굴뚝을 옆으로 나란히 배치한 점이 특징이다. 아궁이 장식은 돋을새김하여 가운데 불꽃무늬를 표현했다. 휴대가 가능해 실제 사용하였던 것으로 추정하기도 하지만, 명기로 보는 것이 일반적이다.

090 **굴뚝장식**
煙家
Chimney Cap

서울 몽촌토성
고구려
지름 20.0, 23.7

091 **시루**
甑
Steamer

서울 용마산 2보루
고구려
높이 28.9, 입지름 35.5

바닥 가운데에 하나의 구멍을 뚫고 그 주변에 6개의 구멍을 뚫은 고구려 6세기대의 시루이다. 띠 모양의 손잡이를 상부에 한 쌍 부착한 전형적인 고구려의 시루 형태이다.

092 **시루**

甑

Steamer

서울 용마산 2보루

고구려

높이 22.4, 입지름 24.9

2. 먹거리와 식기

먹거리

고구려는 조와 콩을 비롯하여 보리·밀·기장·수수 등의 잡곡을 주식으로 삼았다. 영토가 한반도 중부로 확장된 뒤에는 논농사를 통해 쌀의 수확량이 증가하면서 쌀도 주식 재료가 되었지만, 귀족이나 군대 등 특수 계층에서만 먹었을 가능성이 있다. 실제 연천 무등리 2보루에서 군창軍倉의 설치 가능성을 보여주는 다량의 불에 탄 쌀과 조가 확인되었으며, 고구려 전방에 설치된 군사 및 행정 중심지의 하나였던 연천 호로고루 유적에서도 불에 탄 쌀·조·콩·팥이 발견되었다.

이러한 곡물류의 식재료 준비와 조리 과정은 안악 3호무덤 내 방앗간 그림에서 엿볼 수 있다. 방앗간에는 한 여인이 디딜방아를 찧고 있고, 확이 있는 쪽의 다른 여인은 찧은 곡식을 키에 담아 까부르고 있어, 곡물을 빻아서 음식을 만들어 먹었음을 알 수 있다. 안악 3호무덤 벽화의 방아시설과 흡사한 형태는 아차산 3보루의 방아확과 볼씨가 함께 배치된 방앗간 시설에서 확인된다. 아차산 6보루에서 발견된 방앗간 시설도 디딜방아로 추정된다.

시루와 솥이 함께 발견되는 사례가 4세기 이후에 집중되고 있어 이때부터 밥을 짓거나 떡을 만들어 먹었을 것으로 추정되며, 곡물의 활용이 죽에서 떡, 떡에서 밥으로 변화해갔음을 알 수 있다. 조나 기장, 혹은 쌀과 보리를 증기로 쪄낸 주식은 수분 함량이 적어 이를 보완하는 음식인 국과 함께 먹었다. 국의 주재료는 알 수 없지만, 고구려에서 음식상에 국을 올려놓았음은 왕의 옷에 국을 엎질렀다는 『삼국사기』 고구려본기高句麗本紀 동천왕조東川王條 기사로 알 수 있다.

고구려에서는 곡물류 외에도 바다와 하천에서 잡은 물고기와 자라 등도 음식 재료로 활용했다. 특이하게 성 안의 연못에서 식용 물고기를 기르기도 했다. 또한 고래잡이가 활발했는데 '고주리高朱利'와 같은 고래 사냥꾼이 있었고, 해곡海谷 태수가 왕의 행차에 고래를 바칠 정도였다.

채소류는 산에서 나오는 다양한 산나물이나 버섯류가 주였으며, 가장 유명한 채소는 상추였다. 고구려의 채소가 유명하여 천금을 주고서라도 그 종자를 구하려는 움직임이 있었다는 기록도 남아 있다. 뿌리채소류도 재배되었으며, 그밖에 도토리를 비롯한 견과류, 느릅나무 껍질과 같은 구황 작물들도 음식 재료로 채취되었다.

음식의 부패를 방지하고 음식 맛을 내는 데 필수적이던 소금은 주로 동해안에서 생산되어 보급되었다. 『삼국지三國志』 위서魏書 동이전東夷傳에도 동해안에 있는 옥저에서 어염魚鹽, 즉 물고기와 소금을 멀리 운반하여 고구려에 공급했다는 기록이 나온다.

그러나 밥과 국 그리고 물고기, 해조류 등과 같은 음식은 일반 민가에서는 흔하지 않았다. 온달 관련 기록을 보면 평양 인근에 거주하는 고구려의 하급 귀족 가문이라도 경작할 밭 한 뙈기 없는 집안에서는 흉년으로 납품팔이도 어려워지면 산에 올라가 느릅나무 껍질을 벗겨와 가루를 내어 쪄 먹을 수밖에 없었다고 한다.

고구려의 식문화의 특징 중 하나는 '술'을 빚는 기술이 발달된 것과 관련이 있다. 중국인들 사이에 고구려는 술을 잘 빚기로 유명했다. 『삼국지』 위서 동이전과 『남사南史』 동이열전東夷列傳의 고구려전에 고구려인들은 "발효음식을 잘 빚는다[善藏釀]."라는 기록이 있다. 여기에는 곡물로 빚는 술이나 콩으로 만든 간장을 잘 담근다는 뜻이 담겨 있다.

실제 춤무덤의 〈접객도接客圖〉를 보면 술병이 하나 보인다. 무덤 주인이 승려를 접대하고 있는 장면으로 주인과 승려 모두 좌상에 앉아 음식이 차려진 탁자들을 사이에 두고 이야기를 나누고 있다. 상 중에 네모진 상은 음식상이며 나머지 세 발 달린 둥근 상은 술상으로 추측된다. 술병이 있는 상의 왼쪽에 놓인 상에는 오늘날 제사나 잔칫날 올리는 고임음식과 닮은 것이 놓였다. 아마도 강정, 산자饊子, 밤 등을 고임한 것으로 술안주로 여겨진다. 현재 일본에서도 제사에서 음식을 쌓는 고임음식의 전통이 아직 남아 있는데 일본 도다이지東大寺의 쇼소인문서正倉院文書에는 이런 고임음식을 고구려병餠으로 기록하고 있다.

불에 탄 곡물(위 왼쪽에서 시계 방향으로 쌀, 조, 팥, 콩)
LH토지주택박물관

서울 아차산 3보루 방앗간 전경
(재)한국고고환경연구소

춤무덤 〈접객도〉
日滿文化協會, 『通溝』卷下, 1940, 圖4 舞踊塚

고구려의 고기 소비

고구려인들은 제사나 잔치 등의 특별한 날 고기를 즐겨 먹었다. 사냥에 능했던 고구려는 고기 소비도 남달랐다. 고구려에서 사냥은 군사 훈련이자 식자재 획득 과정이었다. 가축 사육을 통해서도 고기를 획득하였다. 특히 고구려의 가축 가운데 소는 농사에도 활용되었지만 제물로서 제사에서 활용되었으며, 돼지의 경우도 마찬가지였다.

고구려인이 고기를 식재료로 어떻게 활용했는지를 보여주는 보다 직접적인 사례는 안악 3호무덤에 나타난다. 동쪽 곁방의 부엌 옆에 그려진 푸줏간肉庫에는 '경옥京屋'이라고 쓰여 있는데, 이는 『삼국지』 위서 동이전에 기록된 '부경桴京'이라는 고구려 특유의 창고를 일컫는다. 털이 벗겨진 꿩 · 돼지 · 노루 등과 같은 들짐승과 날짐승을 걸어놓았으며, 부엌 옆에도 꿩과 사슴 같은 동물을 조리하기 위해 잡아 놓은 모습이 표현되어 있다. 이는 사냥이나 목축에서 얻은 고기를 소금을 뿌려 건조하거나 훈연燻煙시켜 식품으로 저장했을 가능성을 보여준다.

실제 연천 호로고루 유적에서도 군사용 식량 비축창고로 추정되는 지하식 벽체 건물지에서 소, 말, 개 등의 가축뿐만 아니라 사슴, 노루, 멧돼지 등의 짐승 뼈가 다량으로 발견되었다. 고구려 군사들이 보루 생활 중에 자주 사냥을 나가 얻은 짐승 고기로 단백질 섭취를 보강했음을 알 수 있다.

그렇다면 어렵게 얻은 고기는 어떻게 조리해 먹었을까. 불로 조리하지 않은 고기는 부패가 빠르므로 말리거나 절여 발효시켜 먹었을 것이다. 건조해 만든 고기는 '포脯'이며, 항아리에 넣고 소금이나 술 또는 간장과 같은 양념류 등으로 절여서 발효시키는 고기는 '육장肉醬'이라고 한다. 고구려에서 육장을 담갔다는 기록이 나온 바는 없지만 고구려 출토 유물 가운데에 저장용으로 사용하였을 항아리와 한 벌로 추정되는 토제 뚜껑들이 발견되는 점으로 보아 그 가능성을 추정해 볼 수 있다.

고기를 굽거나 삶기도 하였는데, 굽는 요리로는 양념한 통구이인 '맥적貊炙'이 대표적이다. 맥적은 고기를 꼬챙이에 꿰어서 직화를 쬐어 굽는 요리인데 석쇠가 나온 뒤에는 꼬챙이에 꿰지 않아 지금의 불고기와 같은 음식이 되었다. 솥에 넣고 끓여 익힐 경우는 시루를 이용하여 고기를 물에 직접 닿지 않게 하여 익혀 먹었다.

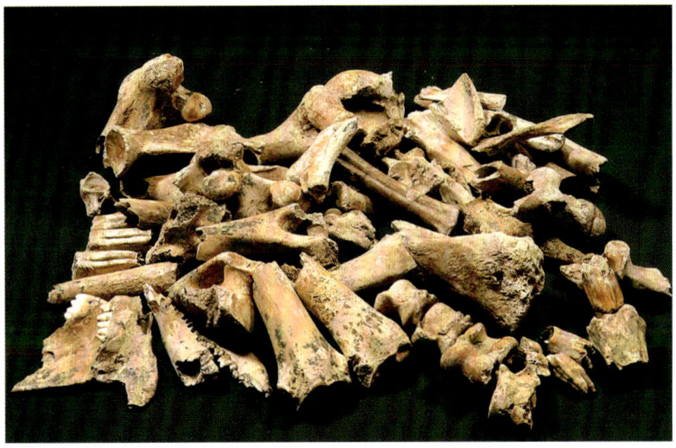

연천 호로고루 유적 출토 각종 동물 뼈
LH토지주택박물관

구리 시루봉 보루 출토 합
서울대학교박물관

식기

고구려의 식기는 형태와 크기에 따라 저장용기, 조리용기, 배식용기, 운반용기 등으로 구분할 수 있다. 사발과 종지나 접시는 배식용기로 쓰였으며, 동이, 쟁반盤 등은 음식을 조리하거나 준비할 때 조리용기로 사용되었다. 나머지 다양한 형태의 항아리는 저장용기나 운반용기로 쓰였는데, 그중 입지름이 작은 것들은 음료 등을 저장하거나 운반하는 데 사용되었을 것이다.

특히 고구려는 저장용기로서 항아리가 다양한 것이 특징이다. 항아리는 아가리가 밖으로 벌어지고 몸통이 긴 형태의 토기를 말하며, 곡물 외에도 부패가 쉬운 식재료를 가공하여 항아리에 담아 보관한다는 점에서 고구려의 생산력을 짐작할 수 있는 기종이기도 하다. 항아리를 통해 곡물 중심의 식생활 및 주조酒造·염장鹽藏 등이 고구려 음식 문화의 특색임을 알 수 있다. 항아리는 네 귀 달린 넓은 입 항아리廣口長頸四耳壺, 두 귀 달린 긴 몸 항아리兩耳附長胴甕, 긴 몸 항아리長胴壺, 곧은 입 항아리直口壺 등 형태에 따라 다양한 기종이 있다. 주로 긴 몸 항아리는 구의동 유적, 아차산·용마산 보루 등과 같은 관방유적에서 출토된 예가 많아 병사들의 개인 휴대용 물품이었을 가능성이 있다. 곧은 입 항아리는 대부분 산성이나 보루에서 사용되었으나, 다른 항아리에 비해 크기가 현저하게 작고 주거 유적에서 출토된 사례도 있어 일상생활 용기였을 것으로 추정된다.

동이는 바닥에 비해 아가리가 넓고 높이가 낮은 형태의 토기로 채소를 씻거나 액체를 담아 나르는 등 음식물 조리 준비용으로 사용되었다. 다양한 크기의 동이가 고구려 보루군 등지에서 골고루 출토된다.

배식용기는 사발, 종지, 접시 등이며 개인용 배식기 및 반찬 그릇 등으로 사용된 것으로 추정된다. 고구려인들은 이러한 용기에 담은 밥과 국, 소금에 절인 채소 등을 먹었을 것이다. 특히 사발은 뚜껑이 있는 것과 없는 것이 있는데 뚜껑이 있는 합의 형태가 좀 더 격식 있는 것으로 여겨진다. 접시는 사발과 함께 주요한 개인용 배식기였으며 크게 굽이 있는 것과 없는 것이 있다. 종지는 사발을 축소해 놓은 것과 같은 형태로 오늘날의 간장 종지와 같은 소형 배식기로 사용된 것으로 추정된다.

고구려의 식기들은 후기로 갈수록 특이한 기종이 새롭게 나타난다. 일례로, 칸막이 그릇九折坂이 아차산 4보루와 연천 호로고루 유적에서 출토된 사례가 있다. 오늘날의 반찬 그릇과 유사한 형태로, 다량으로 출토되는 기종이 아니기 때문에 개인용 반찬 그릇이라기보다는 공용 반찬 그릇이었을 가능성이 높다.

이밖에도 아차산·용마산 등의 보루에서 병과 전 달린 토기耳杯 등 다양한 형태의 토기가 다수 확인된다. 이는 고구려에서 음용되는 술이나 음료가 상당했음을 짐작케 한다. 둥그런 몸통에 짧고 긴 목이 달린 기종인 병은 액상의 내용물을 담기 위한 전용 용기로 술을 담는 데도 쓰였을 것이다. 무덤에서 출토되는 사례 외에도 구의동·용마산 보루에서 출토된 경우도 있어 지배층에서만 쓰였던 기종은 아닌 것으로 보인다. 병 중에는 특이한 형태의 또아리병이 있는데 속이 빈 또아리 모양의 몸통 한쪽에 입이 달린 형태이다. 액체 운반용기로 사용되었던 것으로 추정된다. 흔한 예는 아니며 구의동 유적에서 출토되었다.

전 달린 접시는 중국에서와 같이 술잔으로 주로 쓰였을 것이다. 고분벽화 속의 상차림으로 보아 음료는 병에 담았을 것이나 술 외엔 어떤 음료가 담겼는지는 알기 어렵다. 고구려 전기의 전 달린 접시는 주로 국내성 인근의 무덤에서 출토되어 부장용으로 이용되었으며, 아가리의 평면 형태가 타원형을 이루고 있었으나 실용용기로 사용되면서 원형으로 변화되었다.

서울 아차산 4보루 출토 칸막이 그릇
서울대학교박물관

연천 호로고루 출토 칸막이 그릇
LH토지주택박물관

서울 구의동 보루 출토 또아리병
서울대학교박물관

고구려 고분벽화에서는 지배계층의 상차림 문화도 엿볼 수 있다. 안악 3호무덤 부엌에서는 음식을 조리하는 공간과 상 차리는 공간이 따로 나뉘었으며, 손님 접대를 위한 음식물을 보관하는 장소가 따로 마련되어 있었다. 상은 다리가 밖으로 휜 소반으로, 위에는 접시로 보이는 그릇이 겹겹이 쌓아 올려 있다. 음식물 보관 창고가 따로 있는 모습은 춤무덤에서도 보이는데 음식을 나르는 시녀 뒤의 문이 달린 구조물을 창고로 볼 수 있다.

안악 3호무덤에서 볼 수 있는 지배계층의 상차림은 씨름무덤과 춤무덤 벽화에 묘사된 상 나르기와 식사 모습에서도 확인할 수 있다. 춤무덤의 부엌에서 조리된 음식들은 소반이나 쟁반에 얹어진 채 지배층의 생활공간인 안채나 사랑채로 이동된다. 앞선 시종은 곧은 다리 모양의 소반 위에 사발을 올려 이동하며, 뒤따르는 시종의 쟁반 위에는 사발과 종지가 올려진 모습이다. 소반은 다리가 곧아 안악 3호무덤의 소반과는 또 다른 모습이다. 씨름무덤 벽화는 주인과 두 손님이 각각의 음식상을 받았음을 보여준다. 주인 곁에는 술이나 차가 담긴 것으로 보이는 주전자가 놓인 상이 있다. 나머지 두 손님 앞에 있는 상에는 각각 크기가 다른 사발이 3개씩 놓여있다. 따라서 지배계층의 상차림은 개인이 받는 독상 형태로 3~5개의 사발과 종지로 이루어졌고, 이외에도 귀한 음식의 경우 별개의 상 위에 하나씩 올려져 나갔음을 알 수 있다.

씨름무덤에서 보이는 상차림
日滿文化協會, 『通溝』卷下, 1940, 圖38 角抵塚

093 **춤무덤 〈무용도〉 (모사도)**
舞踊塚 舞踊圖
<Dance>, Muyongchong

북한, 2000년대 제작, 민족화해범국민협의회 기증
춤무덤 널방 동남벽
고구려
166.6×318.6

춤무덤의 〈무용도舞踊圖〉이다. 좌측에는 부엌 상차림을 내어가는 시녀들이 있다. 시녀들 뒤에 문이 달린 구조물이 보이는데 독립된 음식 창고로 추정된다. 앞선 시녀는 곧은 다리의 소반 위에 사발로 보이는 식기를 올려 이동하며, 뒤따르는 시녀의 쟁반 위에는 사발과 종지가 올려져 있다. 고구려의 상류층 부엌에는 음식을 보관하는 창고가 따로 있었으며, 시종이 독상 형태의 개인 상차림을 들고 지배층의 생활 공간인 안채나 사랑채로 이동하였음을 보여준다.

094 안악 3호무덤 〈방앗간〉 (모사도)

安岳三號墳 精米所

<Mill>, Anak Tomb No. 3

북한, 1990년대 제작, 김영업 기증
안악 3호무덤 앞방 동쪽 곁방 서벽
고구려
168.0×55.0

안악 3호무덤에 그려진 방앗간은 우진각 지붕에 치미가 올라간 기와지붕 구조이다. 두 명의 여인이 곡식을 디딜방아로 찧고 있으며, 두 인물 사이에 붉은색으로 '확碓'이라는 글자가 적혀 있다. 주식인 곡물을 빻아서 음식을 만들어 먹었던 고구려의 식생활을 보여준다.

095 **항아리**

甕

Jar

서울 용마산 2보루

고구려

높이 53.3, 입지름 30.0

096 **두 귀 달린 긴 몸 항아리**

兩耳附長胴甕

Jar with Elongated Body and Two Lugs

서울 용마산 2보루

고구려

높이 42.3, 입지름 15.1

두 귀 달린 긴 몸 항아리는 너비에 비해 높이가 높고 몸통에 손잡이가 붙어 있다. 고구려 관방유적에서 출토되는 사례가 많은데 대부분 바닥보다 아가리가 좁은 비교적 세장한 형태를 하고 있으며 격자무늬格子文, 가로선무늬橫針線文 등이 시문되어 있다.

097 **긴 몸 항아리**
長胴壺
Jar with Elongated Body

서울 용마산 2보루
고구려
높이 33.2, 입지름 10.3

긴 몸 항아리는 몸통이 세로로 길어 세장한 느낌을 주며, 몸통의 어깨에서 목으로 연결되는 부분이 좁아지고 다시 아가리가 벌어지는 형태이다. 관방유적에서 출토된 예가 다수를 차지하여, 산성이나 보루에 주둔한 병사들의 개인 휴대용 물품이었을 가능성도 있다.

098 긴 몸 항아리
長胴壺
Jar with Elongated Body

서울 용마산 2보루
고구려
높이 31.0, 입지름 10.9

099 **곧은 입 항아리**
直口甕
Jar with Straight Mouth

서울 용마산 2보루
고구려
높이 25.0, 입지름 22.2

곧은 입 항아리는 아가리가 직립한 항아리로 손잡이가 있는 것과 없는 것으로 나뉘며 대부분 뚜껑을 덮어서 사용하였다. 이 항아리는 원래는 뚜껑과 세트였으며 뚜껑을 덮기 위해 어깨가 발달한 형태이다. 대부분 산성이나 보루에서 출토되어 일상생활에서 저장용기로 사용하였을 것으로 추정된다.

100 **네 귀 달린 곧은 입 항아리·뚜껑****

四耳附直口甕·蓋

Jar with Straight Mouth and Four Lugs·Lid

서울 용마산 2보루
고구려
항아리: 높이 72.1, 입지름 30.0
뚜껑: 높이 10.2, 지름 36.9

4개의 띠 모양 손잡이가 붙어있는 저장용 대형 항아리로 2호 건물지에서 출토된 뚜껑과 세트로 추정된다. 고구려에서는 주식인 곡물을 보관하고 부패하기 쉬운 식자재를 가공하여 항아리에 넣고 뚜껑을 덮어 보관하였다. 고구려 유적에서 출토되는 저장용 항아리와 한 벌로 추정되는 토제 뚜껑들은 곡물 중심의 식생활 및 고구려의 뛰어난 주조나 저장법을 보여준다.

101 **동이**
大鉢
Big Bowl

서울 용마산 2보루
고구려
높이 19.2, 입지름 40.0

102 **병**
甁
Bottle

서울 용마산 2보루
고구려
높이 17.4

103 **전 달린 접시**
耳杯
Extended Rim Vessel

서울 용마산 2보루
고구려
높이 6.2, 입지름 13.0

104 **사발**
盌
Bowl

서울 용마산 2보루
고구려
높이 6.6, 입지름 14.4

사발류는 주로 개인용 배식기 및 반찬 그릇으로 사용된 것으로 추정된다. 사발은 크게 굽이 달린 것과 없는 것이 있으며 밥과 국, 소금에 절인 채소 등을 반찬으로 담아 먹었을 것이다. 관방 및 생활유적에서 다수 출토되는데, 특히 보루에서 출토된 개인용 배식기의 경우에는 군사들의 개인용 식기를 구별하기 위한 '小', '十' 등의 여러 종류의 문자와 부호가 새겨져 있기도 하다.

105 **굽다리 사발**
臺附盌
Mounted Bowl

서울 용마산 2보루
고구려
높이 8.5, 입지름 14.5

106 **종지**
盞
Small Dish

서울 용마산 2보루
고구려
높이 3.7, 입지름 9.8

종지는 사발을 축소해 놓은 것과 같은 형태의 토기로 오늘날의 간장 종지와 같은 소형 배식기로 사용된 것으로 생각된다. 용마산·시루봉 보루 등 관방유적에서 주로 출토된다.

107 **접시**
杯
Dish

서울 용마산 2보루
고구려
좌: 높이 2.9, 입지름 23.2
우: 높이 1.7, 입지름 14.9

접시는 납작한 바닥에 높지 않은 몸통이 달린 형태의 토기로 당시 사발과 함께 주요한 개인용 배식기로 이용되었을 것으로 추정된다. 접시는 크게 굽이 있는 것과 없는 것으로 나누어 볼 수 있다.

COLUMN 3.

삼국의 시루

박경신 숭실대학교 한국기독교박물관 학예과장

시루는 혼자서는 음식을 만들 수 없는 조리도구로서, 물을 끓이는 솥에 끼워서 증기로 음식을 찌는 도구이다. 시루가 한반도에 처음 등장한 것은 초기철기시대이다. 초기철기시대의 삼각형 점토띠 토기 시루는 밑바닥에 수많은 증기 구멍을 불규칙하게 뚫은 모양이었다. 원삼국시대 초기에는 중도식 민무늬 토기 시루가 등장한다. 같은 시기 서북한지역에서는 한漢의 토기 제작 문화에 영향을 받은 낙랑樂浪 시루가 유행한다. 원삼국시대 후기가 되면 중부지역을 중심으로 낙랑계 시루를 모방하여 만든 타날문토기 시루들이 생산된다.

삼국시대는 고구려, 백제, 신라가 각 나라의 독특한 모양을 자랑하는 시루들을 사용하였다. 먼저 고구려 시루는 동이 모양에 띠상의 파수把手를 붙였고, 평평한 바닥에 넓은 증기 구멍을 도려내서 만들었으며, 매우 고운 태토에 타날이 없는 것이 특징이다. 증기공은 중앙의 한 개를 중심으로 외곽에 동심원상으로 6개의 증기공을 배치한 형태가 많다. 고구려의 시루는 철로 만든 솥과 결합하여 사용하였다. 쇠솥은 크기가 균일한 것이 고구려 전역과 신라의 왕릉급 무덤에서 출토되고 있어 전문 장인이 대량 생산한 것으로 추정되고 있다. 한편 고구려의 동이형과 띠상의 손잡이는 백제의 웅진시대 시루에도 영향을 주게 된다. 삼국이 통일된 이후에는 고구려 시루의 형태가 전국적으로 확산된다.

백제는 중앙과 지방의 시루가 달랐다. 우선 백제 중앙은 분형盆形토기 기형에 쇠뿔 모양 손잡이가 달린 시루를 사용한다. 그리고 외면에는 격자문을 타날한 것이 많다. 백제 중앙 시루의 가장 큰 형태적 특징은 증기 구멍이 자동차의 핸들 모양과 흡사하다는 점이다. 같은 시기 백제의 지방에서는 원삼국시대 타날문토기 시루를 계승한 다양한 형태의 시루들이 사용된다. 백제의 시루는 음식을 조리할 때 계란 모양 토기長卵形土器에 끼워서 사용하였다. 따라서 높고 내구성이 단단한 부뚜막과 솥받침이 필수적으로 필요했다.

신라 시루는 역삼각형의 긴 항아리 모양에 째진 증기 구멍을 가지런히 배치한 것이 특징이다. 밑바닥은 뾰족 바닥에 가깝고, 외면에는 타날 후 말끔하게 지워 문양이 없는 형태로 만든다. 신라의 원류가 되었던 사로국 시기의 시루는 삼국시대에 비해 몸통이 짧고 타날이 남아 있는 것이 많아 차이를 보인다. 신라 시루와 결합된 솥은 계란 모양 토기 또는 무른질의 옹기 모양 토기를 주로 사용하였다.

기타 삼국의 중심지에서 먼 지방에서는 지역색이 강한 시루들이 함께 사용되고 있었다. 우선 영동 지역에서는 한반도의 동북지역에 위치한 단결-크로우노브카 문화권에서 수입된 아가리가 넓은 중도식무문토기 시루가 유행한다. 동시에 신라 시루가 이른 시기부터 유입되어 함께 사용된다. 호남 지역의 마한 고지에서는 원통 모양에 바닥이 평평하고 문양이 없는 시루가 유행한다. 또한 차령산맥 주변의 호서 지역은 백제와 마한 고지의 시루가 접목된 독특한 형태의 시루가 유행

고구려
서울 아차산 보루

백제
서울 몽촌토성

신라
부산 가동

한다. 이상과 같이 삼국시대 한반도 각지에는 점령 국가의 차이, 지역 세력권의 차이에 따라 다양한 형태의 시루가 공존하고 있었다. 그리고 시루와 결합된 솥의 재질과 모양도 다양하게 확인된다. 삼국시대 시루와 솥의 형태가 다양한 것은 음식의 종류도 다양했음을 의미한다.

지역별 시루의 유형

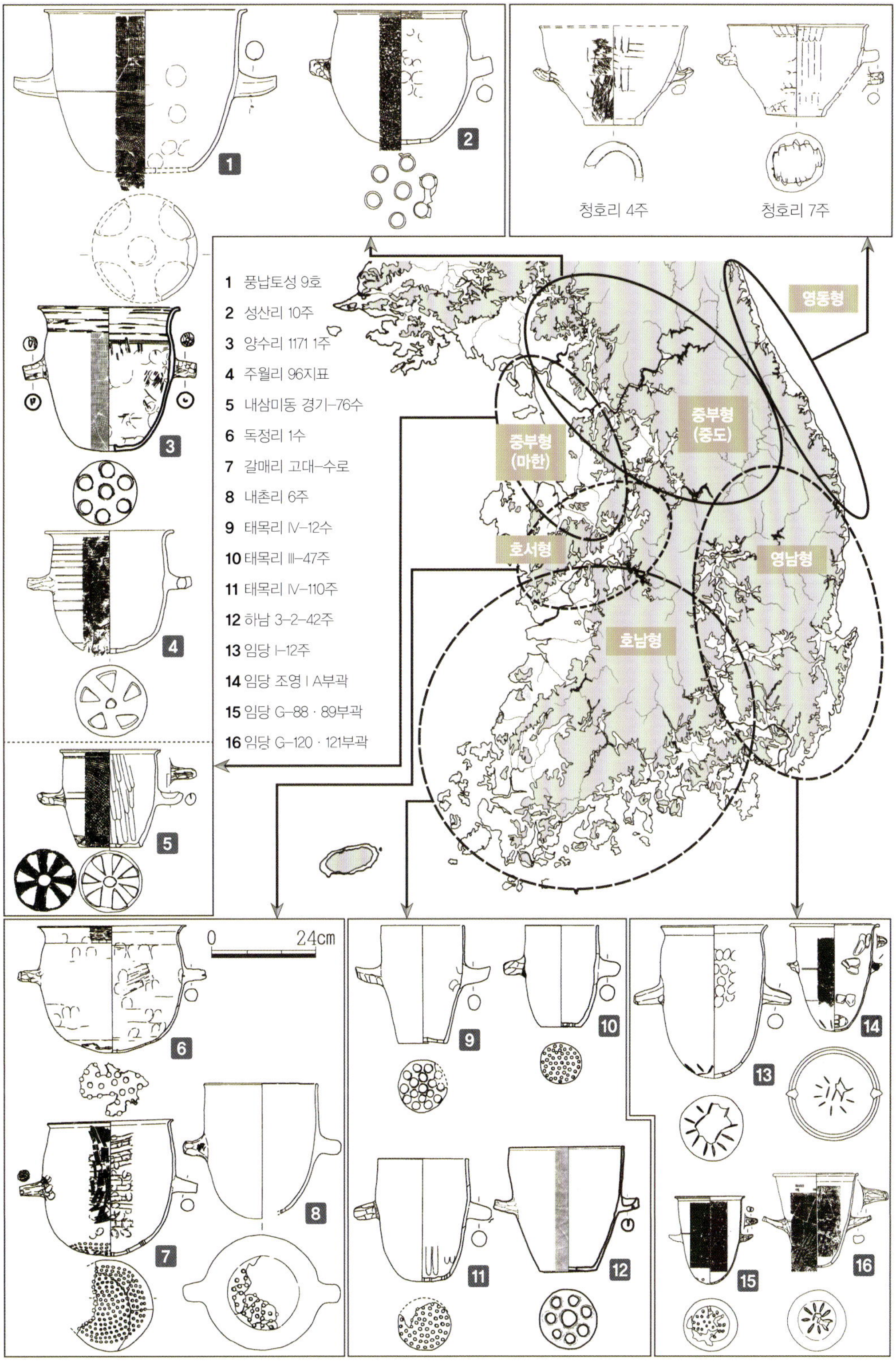

108 **시루 조각**

甑片

Potsherd_Steamer

서울 몽촌토성
고구려
현재높이 9.0

109 **시루**
甑
Steamer

서울 우면동 유적
백제
높이 28.9, 입지름 33.8

110 **시루**

甑

Steamer

기장 가동 유적
삼국
높이 27.8, 입지름 24.3
부산정관박물관

111 **시루**

甑

Steamer

완주 신풍 유적

삼국

높이 21.8, 입지름 20.0

국립전주박물관

112 **시루**

甑

Steamer

완주 신풍 유적
삼국
높이 26.7, 입지름 20.5
국립전주박물관

113 **시루**

甑

Steamer

임실 석두리 유적
삼국
높이 21.8, 입지름 17.3
국립전주박물관

COLUMN 4.

조리도구로 본 삼국의 특징 : 솥

한지선 국립중원문화재연구소 학예연구사

솥은 잘 알려져 있듯이 밥을 지을 때, 채소를 데칠 때나 국을 끓일 때 등 다양하게 사용되어 온 전통의 조리용기이다. 솥의 용도 측면만을 볼 때 불에 솥을 올려놓고 조리에 사용되기 시작한 시점은 토기가 탄생했던 신석기시대까지 거슬러 올라가지만, '솥'이라는 특화된 기종이 분화된 시점은 원삼국시대 이후이다. 이전 시기까지는 형태적으로는 다른 토기들과 솥으로 사용되는 토기의 형태적·재질적 특성이 다르지 않았기 때문이다. 특히 밥을 지어 먹는 방식이 변화하면서 마침내 '솥'이 특화되기 시작하는데, 그 시작에는 부뚜막이 있다.

특히 삼국시대 부뚜막의 보편화는 부뚜막에 걸치는 솥이 개발되고, 시루가 결합된 '결합식 취사용기'가 완성되면서 끓여 먹는 '죽 형태의 밥'이 아닌 '찌는 밥' 문화를 유행시키게 된다. 이것은 이전 시기까지 곡식을 갈아서 분식粉食의 형태로 섭취하던 것이 입식粒食으로 전환된 것을 나타내는 것이기도 하다. 이후 쇠솥이 등장하기 이전까지는 계속 토제로 솥을 만들었는데, 당시 개발된 솥의 명칭은 그 형태적 특징을 살려 '계란 모양 토기長卵形土器' 또는 '긴 몸 항아리長胴甕'라 하였으며, '솥'인 계란 모양 토기(긴 몸 항아리)와 여기에 결합되는 시루는 시기별, 지역별로 조금씩 다르게 제작·사용되었다.

'계란 모양 토기'는 형태적으로 긴 동체부를 가진 원저형圓低形 토기로 물이나 수분이 많은 음식을 끓이는 데 사용되며, 특히 밥이나 찜을 할 때 시루를 올려놓고 조리하는 데 필수적인 용기이다. 태토胎土는 열에 잘 견디기 위해 사립沙粒을 섞어 낮은 온도에서 구워 제작하였다. 그리고 열전도율을 높이기 위해 긴 동체부를 가졌고, 특히 열을 직접 받는 바닥쪽 부위는 기벽을 두껍게, 열이 전도되는 부위는 얇게 만들어 기능성을 높였다는 점에서 조상들의 지혜를 엿볼 수 있다. 그리고 부뚜막의 크기나 높이, 솥이 몇 개 설치되는지에 따라 계란 모양 토기의 동체부의 형태나 기고器高를 달리하기도 한다. 대부분 외면에는 그을음이 가득 부착되어 있고, 열을 직접 받는 부위는 그을음이 남아 있지 않는다. 내면에는 별다른 흔적이 없어 대부분 물을 끓이는 전용 용기였음을 알 수 있다.

전 달린 계란 모양 토기
부산 분절 조개무덤

이동식 부뚜막
전傳 금관가야 궁허지

쇠솥
서울 구의동 보루

먼저 서울·경기 등 백제중심권역에서 출토되는 계란 모양 토기는 목이 길고 동체부가 풍만하며, 동체부에 승문繩文, 저부에 격자문타날格子文打捺을 장식한 것이 특징이다. 이 지역에서는 부뚜막의 폭이 넓고 크며 1개의 계란 모양 토기만 설치하기 때문에 가장 풍만한 동체부를 가진다. 한편 백제 권역이지만 이전 마한에 속했던 지역(충청 이남)에서는 목이 짧고 동체부가 홀쭉하며, 격자문만을 단독 타날한 경우가 대부분이다. 이 지역에서는 부뚜막에 대부분 2개의 계란 모양 토기를 설치하기 때문에 동체부가 홀쭉하고 기고가 높은 점이 가장 큰 특징이다. 한편 신라권역에서는 목이 길고 동체부가 풍만한 것은 백제의 그것과 유사하지만 타날에 있어서 평행선문平行線文 타날을 장식하거나

무문으로 제작하는 점에서 차이가 있다. 이때도 백제 중심권역처럼 부뚜막에 한 개의 계란 모양 토기를 설치한다.

이렇듯 계란 모양 토기는 백제 사비기가 되면 더 이상 출토되지 않아 무쇠솥으로 점차 역할이 옮겨간 것으로 보이며, 계란 모양 토기에서 무쇠솥으로의 과도기적인 형태로 전 달린 장란형토기가 등장하기도 하는데, 특히 영남 지역에서 이동식 부뚜막과 함께 이러한 전 달린 계란 모양 토기가 유행한다. 김해 지역에서 이동식 부뚜막이 다수 확인되었는데, 해안가에서의 간이 취사시설로서의 역할을 했던 것으로 추정된다.

한편 고구려의 경우는 이렇게 백제·신라의 솥 문화와는 달리 일찍부터 토제 솥과 더불어 쇠솥이 등장한다. 중국과 인접해 선진문물을 일찍 받아들이면서 취사용기로서 쇠솥이 삼국 중에서는 가장 빠른 5세기 경에 도입되었던 것이다. 다만 이 경우도 시루를 올려 밥을 쪄 먹는 형태라는 점에서는 백제나 신라와 쓰임새는 동일하다. 고구려가 백제를 침략할 당시 서울 구의동에 진지를 구축하고 생활했던 유적지에서 이러한 쇠솥과 시루가 세트로 출토된 바 있다.

이렇듯 고구려는 5세기, 백제는 7세기 이후 등장하여 통일신라시대까지 확인되는 쇠솥은 시루를 올려놓기 적합하게 동체부가 풍만하거나 긴 몸의 형태가 유지되지만, 고려시대 이후 기고가 낮고 바닥이 넓어진 쇠솥이 보편화되면서 '짓는 밥' 문화가 유행했던 것으로 보인다.

한편, '솥'에는 이렇게 시루와 결합된 '결합식 취사용기'로서의 '계란 모양 토기'나 '쇠솥'도 존재하지만 평저형平底形의 소형 토제 취사용기도 있다. '작은 솥'에 해당되는 이 기종은 '깊은 바리深鉢' 혹은 '깊은 바리 모양 토기'라 불리는데 바닥이 평평하여 어디에든 놓고 쓸 수 있고 크기가 작아 적은 양을 끓이거나, 데우거나, 간단히 볶는 등의 용도로 사용되었을 것으로 추정된다. 대부분 부뚜막의 아궁이 앞에서 잔불에 올려 조리했다. 삼국 공히 확인되고 있는 깊은 바리는 고구려에서는 무문으로, 백제에서는 승문타날이, 신라에서는 평행선문타날이 주로 시문되어 제작되는 특징을 보이는데, 그 크기나 형태는 유사하다.

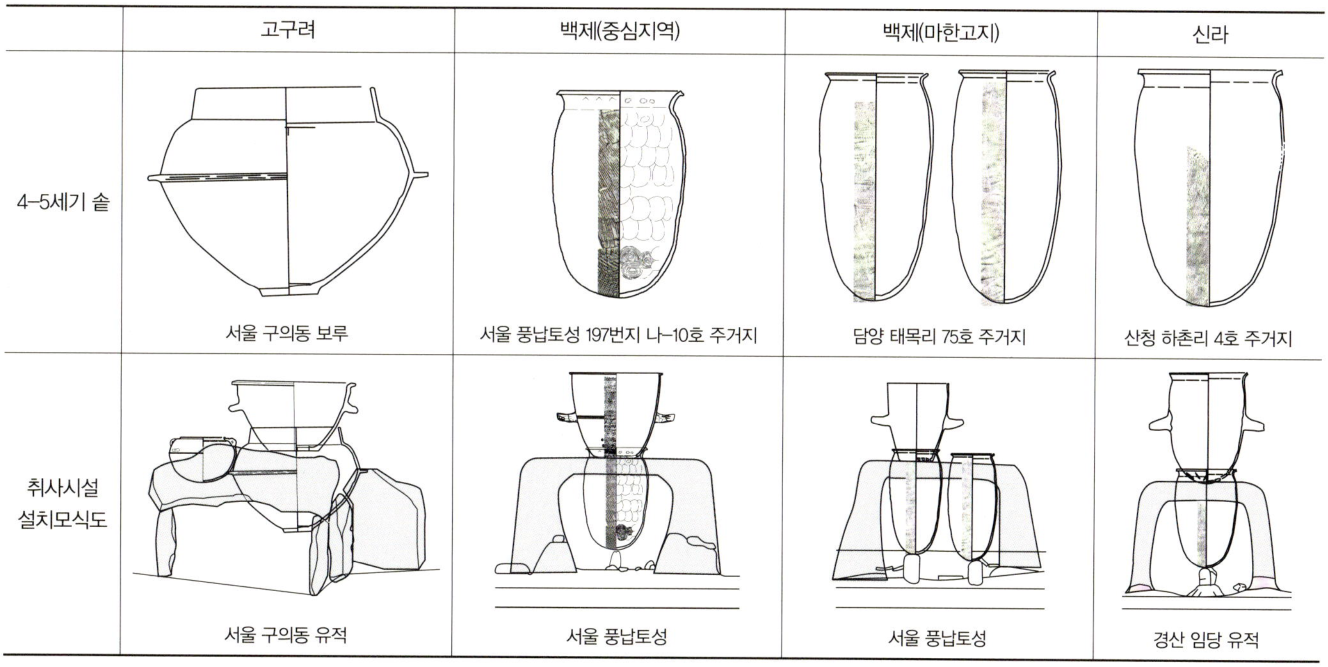

삼국의 솥과 취사시설 설치 모식도

참고문헌

김다감, 『한국 무쇠솥 주조기술과 전승에 관한 연구』, 동국대학교 대학원 석사학위논문, 2019.

구의동보고서 간행위원회, 『한강유역의 고구려 요새 – 구의동유적 발굴조사 종합보고서』, 2017.

복천박물관, 『선사 시대의 요리』, 2005.

司空正吉, 『高句麗 食生活 研究』, 고려대학교 대학원 석사학위논문, 2013.

식문화탐구회, 『炊事의 考古學』, 서경, 2008.

(재)경남문화재연구원, 『산청 하촌리 마을유적 Ⅰ』, 2011.

(재)호남문화재연구원, 『전주 동산동유적 Ⅰ』, 2010.

국립문화재연구소, 『풍납토성 XIII』, 2012.

IV

가야와
신라의 부엌

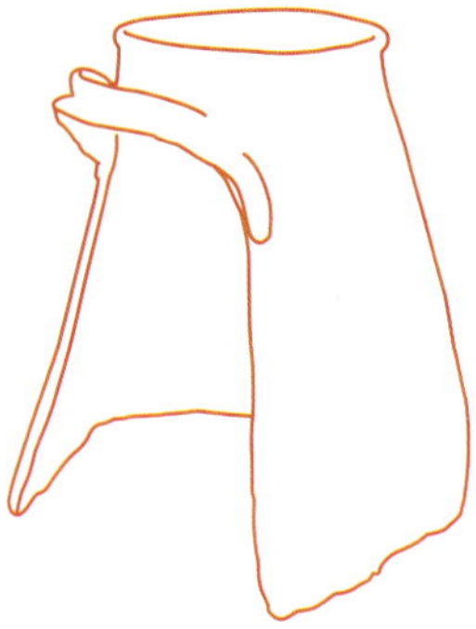

가야

1. 가야

취사시설 및 취사용기

가야가 위치한 영남 지역에서는 원형이나 타원형의 집자리 안에 화덕爐을 두거나 구들이 있는 취사시설이 설치되었다. 연도부가 매우 짧은 부뚜막도 확인되었으나, 수혈竪穴주거지의 동벽 또는 서벽에 놓인 부뚜막으로부터 곡면인 내벽을 따라 구들이 북쪽으로 이어지는 경우가 많았다. 진주 평거동, 창원 외동, 함양 화산리 유적 등에서 보이듯이 구들은 내부 둘레의 1/3에서 1/4 정도를 돌아가며 설치되었다. 사천 봉계리 유적에서는 부뚜막이 벽면에서 약간 안쪽에 놓이고 구들이 이어지는 취사시설도 확인되었다. 이 같은 형태는 초기철기시대의 늦은 시기에 유입되어 일부 지역에서는 4세기 후반 무렵까지 오래도록 이어졌다.

영남 동부지역에서는 3세기 후반에 (타)원형에서 (장)방형으로 집자리의 평면형태가 변화하기 시작하였고 4세기 말·5세기 초가 되면 전 지역에 (장)방형의 집자리가 들어서게 된다. 대외교역을 통해 정치적으로 번성한 구야국狗耶國에서 새로운 주거 형태가 수용되고 그것이 함안 일대까지 수용되어 5세기에는 본격적으로 서부 내륙과 남해안 일대로 확산된 것으로 판단된다. 영남 서부지역에서는 거창 송정리 유적에서처럼 장방형의 집자리에 벽과 직교되게 설치된 부뚜막을 확인할 수 있다. 상대적으로 낙동강 하류지역에서는 5세기 이후의 취사시설이 많이 확인되지 않는데, 주거 건물 형태의 다변화로 인하여 수혈주거와 함께 지상식 건물인 고상高床 건물이 증가한 데에서 그 원인을 찾을 수 있다.

고상 건물은 창고나 망루望樓 등의 부속시설로뿐만 아니라 주거용으로도 이용되었다. 이 경우 휴대가 용이하고 화재예방이 어느 정도 가능한 아궁이 모양 토기가 사용되었을 가능성이 있으며, 이러한 토기는 전傳 금관가야 궁허지, 김해 관동리 유적 등에서 출토되었다. 야외에서뿐만 아니라 일부는 항해를 할 때 배에서 사용하기 위해 만든 것도 있는 것으로 추정된다. 또한 전 금관가야 궁허지 출토품과 유사한 형태의 것이 일본 오사카大阪 시조나와테시四條畷市의 시토미야키타蔀屋北 유적에서도 확인되고 있어 다양한 경로를 거쳐 일본 열도로 전해진 것으로 보인다.

취사시설의 재료는 시기에 따라 차이가 난다. 남부지방의 가장 이른 시기의 구들로 알려진 사천 늑도 유적에서는 판석板石을 주로 사용하여 구들이 만들어졌다. 그러나 4세기에는 점토로 취사시설을 만드는 경우가 많았고, 삼국시대 후기인 6세기로 넘어가면 함안 아라가야 추정 왕궁터에서처럼 돌을 다시 취사시설의 재료로 사용하게 된다.

삼국시대 후기가 되면 고령 지산동 유적에서처럼 돌과 점토로 만든 'T'자 모양의 구들이 등장하게 된다. 'T'자 모양의 구들은 신라에서 유행한 취사시설 중 하나로 신라문화의 파급과 관련이 있다. 벽에 설치된 연도부의 가운데에 연소부인 부뚜막을 설치하고 중앙의 연소부에서 양쪽의 연도부를 거쳐 배연되는 형식이다. 이 같은 형태는 삼국시대 말기에 등장하여 통일신라시대에 유행한 것으로 알려져 있으며, 영월 문산리나 춘천 우두동 유적의 예로 보아 고려 초까지 계속 사용한 것으로 보인다.

가야인들이 취사시설에서 어떠한 용기를 사용하였는지, 또 다른 나라들과의 차별성이 무엇인지를 알려주는 자료는 많지 않다. 취사용기는 의례용과 달리 집단의 정체성을 드러내는 것이 아니었으며,

가야의 경우 지역에 따라 신라 세력이 진출한 시기적 차이가 명확하지 않기 때문이다. 다만 가야 또한 삼국시대의 다른 나라들과 마찬가지로 시루와 긴 몸 항아리, 바리鉢와 솥 등을 취사용기로 사용하였다. 대체로 가야 지역에 해당되는 낙동강 서쪽 지역과 호남 동부지역에서 출토되는 시루의 경우 바닥이 평평하고 전체적으로 바리와 같은 기형을 가지고 있으며 바닥면에는 여러 개의 원형 구멍이 뚫려 있는 것이 많다. 긴 몸 항아리 또한 낙동강 동쪽 연안 지역 출토품에 비해 평평한 바닥을 지닌 것이 많으며 4세기 후반 이후 몸통이 전반적으로 부풀어 오르는 특징을 지닌다. 바리는 동부지역과 형태는 유사하지만 크기가 대체로 작은 편이며, 손잡이가 달린 항아리 가운데에는 전라도 지역에서 많이 보이는 주구注口가 달린 것도 있다. 김해 양동리 고분군에서는 쇠솥이 출토되었는데, 출토 사례가 많지 않아 일반적으로 널리 사용되지는 않은 것으로 생각된다.

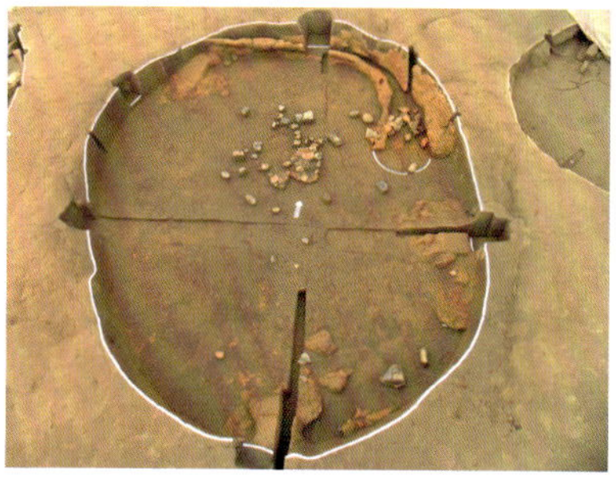

진주 평거동 유적 20-1호 집자리 및 취사시설
(재)경남문화재연구원

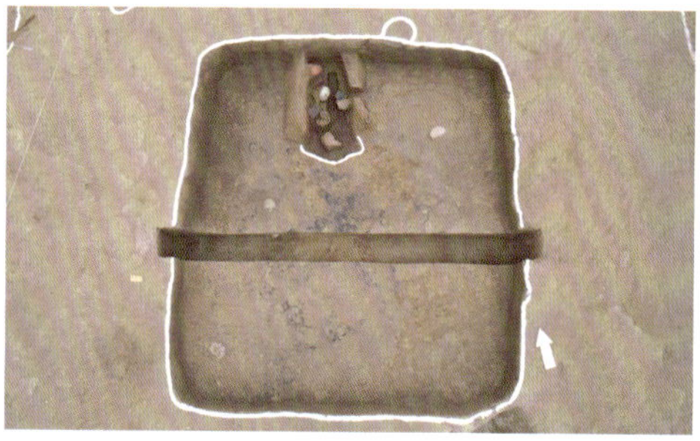

거창 송정리 유적 A지구 삼국시대 233호 집자리
(재)부경문물연구원

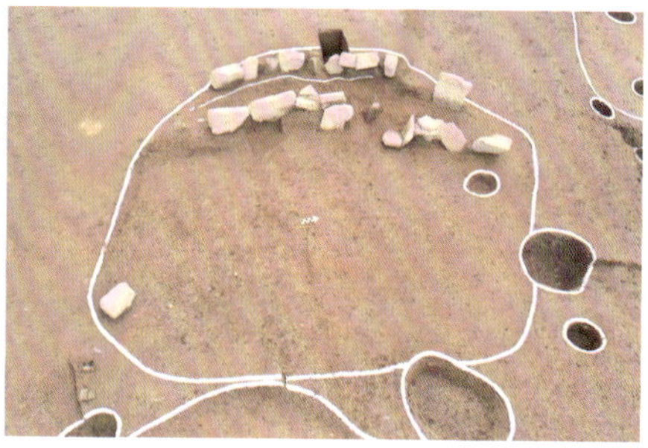

고령 지산동 유적 Ⅰ구역 2호 집자리
경북문화재단 문화재연구원

먹거리와 식기

삼국과 가야는 모두 농업을 기본적인 생업으로 삼았다. 가야는 변한弁韓시기부터 토지가 비옥하여 오곡五穀과 벼를 재배하였다는 기록이 『삼국지三國志』에 나오고 『삼국유사三國遺事』에는 가야가 성립될 당시 밭을 갈아 곡식을 먹었다는 기록이 남아 있다. 일찍부터 농사를 통해 곡식을 많이 섭취하였던 것으로 생각된다. 특히 가락국駕洛國이 성장하는 김해 지역을 비롯하여 하천 연안의 평야지대에서는 철제 농기구의 보급과 함께 논농사가 확대되었다. 수로왕首露王이 허왕후와 함께 아유타국阿踰陀國에서 온 15명의 뱃사공들에게 쌀 10석씩을 주어 본국으로 돌려보냈다는 기록은 논농사의 발전과 함께 비교적 풍부했던 쌀의 생산량을 엿볼 수 있는 대목이다.

고고학적 발굴조사를 통해서도 가야인들이 곡물을 비롯하여 다양한 식재료를 섭취하였음을 알 수 있다. 조와 기장이 산청 소남리와 김해 부원동의 생활유적, 고령 지산동 44호분에서 출토된 바 있고 김해 부원동 유적에서는 콩과 보리도 함께 발견되었다. 진주 평거동 유적에서는 밭 유구가 확인되었으며 가야의 조개무지貝塚가 발견된 김해 봉황동, 고성 동외동 유적 등에서는 여러 곡식뿐 아니라 견과류, 과실류 등의 종자도 확인되었다. 창녕 송현동 15호 무덤의 인골 분석에서는 쌀, 보리, 콩을 주식으로 하여 육류도 함께 섭취하였음이 밝혀졌고, 7호 무덤에서는 나무로 만든 소쿠리 안에서 밤과 함께 참다랑어뼈가 발견되었다. 소, 돼지 등의 사육과 멧돼지, 사슴 등의 수렵활동, 그리고 강이나 바다에서의 어로활동이 활발히 이루어진 것을 알 수 있다. 특히 가야의 여러 나라는 경남 해안지대와 낙동강에 인접해 있어 일찍부터 고기잡이나 조개류 채집이 이루어졌다. 김해의 봉황동과 부원동의 조개무지뿐만 아니라 내륙에 위치한 고령 지역에서도 바다의 생선과 조개류가 많이 확인되었으며, 돔류와 상어류, 농어류, 복어류 등의 어류에서부터 굴을 비롯한 백합, 새꼬막, 재첩 등 다양한 조개류가 포함되어 있었다.

풍부한 먹거리는 다양한 조리법을 통해 음식으로 만들어졌다. 날 것으로 섭취 가능한 재료들 외에는 시루와 바리, 솥 등을 이용하여 찌거나 삶았으며 항아리와 단지 등을 이용하여 조리되었다. 토기 생산에는 전문적인 장인 집단이 있던 것으로 보이며 낙동강 수계를 이용하여 다른 지역과의 유통이 이루어질 정도로 대량 생산되었던 것으로 추정된다. 흙으로 만든 토기뿐 아니라 광주리나 목제 합과 같이 나무껍질이나 줄기 등으로 만든 용기도 식기로 많이 사용되었다. 식물성 소재의 그릇은 재료를 구하기 쉽고 가공이 쉬우며 운반에도 용이하였다. 다만 쉽게 부식되어 습지와 같은 환경을 제외하고는 남아 있는 경우가 많지 않다.

여분의 식재료나 조리된 음식은 항아리와 같은 저장용기에 담겨 취사시설 주변이나 따로 마련된 저장 구덩이에 보관되었다. 특히 4세기경부터 생산이 확대되는 도질토기陶質土器는 무른 연질토기軟質土器보다 훨씬 단단하고 흡수율이 낮아 껴묻거리용으로뿐만 아니라 각종 음식과 물, 술과 같은 액체류를 저장하고 보관하는 데에도 요긴하게 사용되었을 것이다. 무덤에서는 굽다리 접시高杯나 뚜껑 있는 그릇蓋杯 등에 음식을 담은 흔적이 많이 발견되는데, 제사나 연회에 많이 사용된 것으로 보인다. 굽다리 접시나 뚜껑 있는 그릇 등은 수혈주거지에서 일상용기와 함께 출토되는 경우도 있지만, 대형 고분의 출토품에 비해 그 수량이 많지 않아 상위 계층에서 주로 사용한 것이 아닐까 생각된다.

진주 평거동 유적 삼국시대 밭 유구

(재)경남문화재연구원

창녕 송현동 7호 무덤 출토 소쿠리 속 밤과 참다랑어 뼈

국립가야문화재연구소

함안 오곡리 유적 5호 돌널무덤 출토 생선뼈가 담긴 굽다리 접시

국립김해박물관

함안 아라가야阿羅加耶 추정 왕궁터에서 발견된 취사 전용 공간

경상남도 함안은 가야연맹의 주요국 중 하나인 아라가야가 자리했던 곳이다. 이들의 왕궁터로 추정되는 함안 가야리 유적에서는 부뚜막과 구들, 굴뚝 시설을 갖춘 취사 전용 공간이 얼마 전 확인되었다.

6세기에 조성된 것으로 추정되는 이 건물터에는 동서 길이 5m 가량의 비교적 큰 규모의 취사시설이 조성되었다. 건물터는 경사진 바위를 깎아 마련되었으며, 고운 흙을 깔고 열을 가하여 단단하게 바닥을 조성한 후 내벽이 올려졌다. 바깥쪽에는 일정한 간격을 두고 배치된 기둥 구멍이 있어 외벽을 둘렀을 가능성이 언급되고 있다.

건물 내부에는 내벽과 맞닿아 동쪽에서 서쪽으로 부뚜막과 구들, 배연부가 일렬로 배치되었다. 부뚜막은 아궁이 하단부만 존재하여 정확한 규모와 형태를 파악하기가 어렵다. 구들은 최대 길이 약 1m, 높이 약 50㎝의 평평한 돌을 세우고 연기가 새어 나가지 않도록 바깥에 회색 점질토를 발랐다. 구들의 상부는 남아 있지 않지만 구들 안쪽에서 평평한 돌들이 확인되어 같은 방법으로 축조되었던 것으로 생각된다. 배연부는 돌을 30㎝ 정도로 깨서 가로로 눕혀 쌓았으며 연기가 잘 빠지도록 계단식으로 만들었다. 또한 배연부 가까이에서 기반암을 둥글게 판 구덩이가 발견되었는데, 취사에 필요한 물을 저장하기 위한 집수정集水井으로 추정된다. 건물터 내부에서는 6세기 가야 토기로 볼 수 있는 원통 모양 그릇받침筒形器臺과 취사용으로 쓰인 적갈색 바리鉢가 출토되었다.

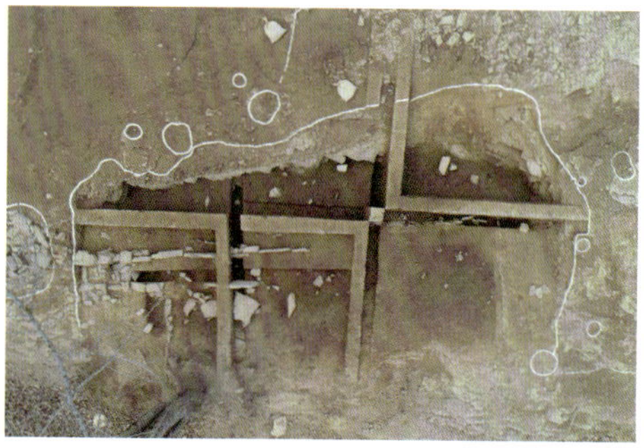

좌 | 함안 아라가야 추정 왕궁터 내 취사 전용 건물터
국립가야문화재연구소

우 | 취사 전용 건물터 발굴 모습
국립가야문화재연구소

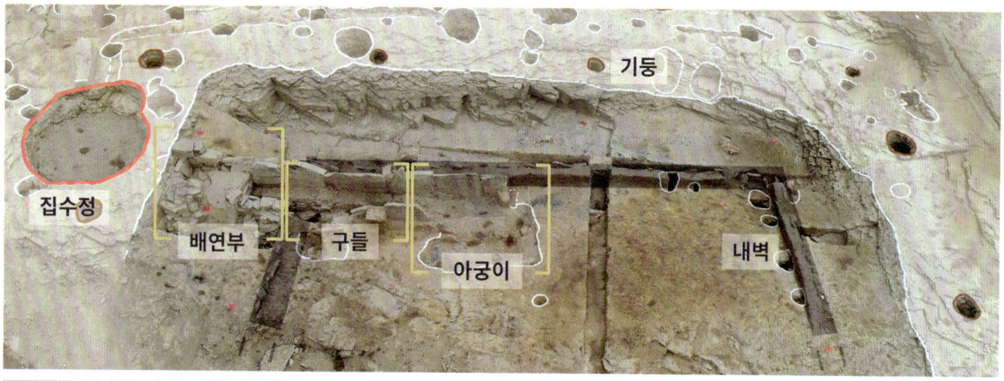

취사 전용 건물터 구조
국립가야문화재연구소

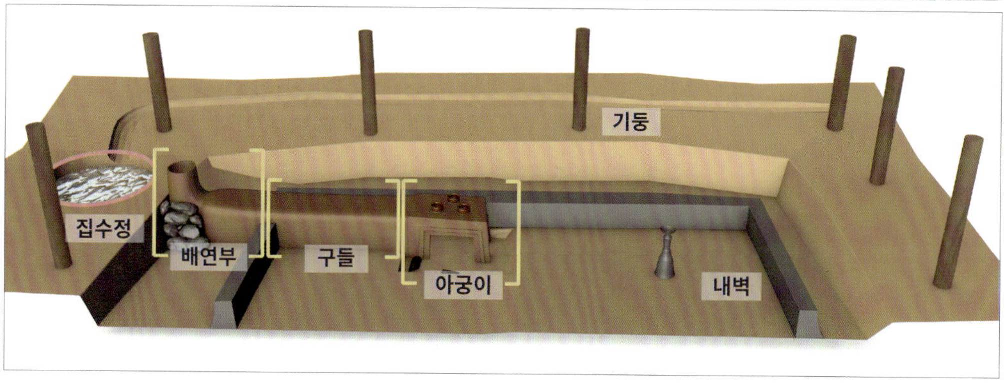

취사 전용 건물터 모식도
(용호동 1호 무덤 출토 부뚜막 및 안악 3호분 벽화 참조)
국립가야문화재연구소

신라

2. 신라

취사시설 및 취사용기

이른 시기 신라 부엌의 모습을 살펴볼 수 있는 자료는 많지 않으며, 단편적이지만 다양한 형태의 취사시설이 확인되었다. 경주 황성동 유적에서는 평면형태가 (타)원형 또는 둥근 사각형抹角方形인 집자리가 발굴되었다. 점토로 만든 화덕자리가 여럿 확인되었으며, 일부 화덕자리에서는 불에 탄 흙燒土이 벽을 따라 이어져 있어 구들이 설치되었을 가능성이 언급되고 있다. 이 같은 경우 대부분의 부뚜막이 집자리 북서쪽 모서리에서 시작되고 구들은 북벽을 따라 동쪽으로 진행되어 북동쪽 모서리 부근에서 굴뚝으로 연결되었던 것으로 생각된다. 북서쪽에 점토로 만든 부뚜막이 놓이고 북동쪽으로 배연부가 연결되는 이러한 사례는 신라 초기 유적에서 다수 확인되었다.

문경 신기동 740번지 유적에서는 '凸'자 모양 집자리가 확인되었는데, 내부에서는 모두 단단한 경질의 민무늬 토기硬質無文土器가 출토되어 중부지역의 주거형태에서 일정부분 영향을 받은 것을 알 수 있다. 그 안에서는 돌이나 점토로 만든 화덕시설뿐만 아니라 '┌─'자 모양 구들이 확인되었다. 대구 매호동 1008번지 유적에서는 둥근 사각형의 집자리에 'ㄱ'자나 'ㄷ'자 모양의 구들이 확인되었다. 'ㄷ'자 모양의 구들 가운데에는 'ㅁ'자 모양에 가까울 정도로 네 벽에 걸쳐 설치된 것도 있었다. 이밖에도 신라 초기의 취락과 가옥의 모습을 보여주는 여러 유적에서는 점토나 돌로 만든 화덕자리와 'ㄱ'자, 'ㄷ'자 등 다양한 모양의 구들을 갖춘 취사시설이 확인되었다.

중부지방에서는 신라의 한강 유역 진출과 관련된 군사거점 지역 주변으로 신라인의 거주지가 형성되었다. 수혈주거지의 평면형태는 (장)방형, 타원형, 둥근 사각형, '呂'자 모양 등으로 다양한데 이 가운데 (장)방형이 가장 많이 확인되었다. 내부에서는 화덕시설도 설치되었지만 부뚜막과 구들을 갖춘 취사시설이 대부분이었다. 신라의 삼국 통일을 전후하여 북한강 유역에서는 'ㄱ'자, 'T'자, 'ㅣ'자 모양의 구들과 두 줄의 연도부도 확인되었다. 고래가 두 줄인 형태는 영남 지방에서는 찾아보기 어려운 것으로 고구려의 영향을 받은 것으로 생각된다.

삼국 통일 이후인 8세기 후반이 되면 집의 규모가 커지고 (장)방형의 평면형태가 지속되었다. 내부에는 한 쪽 또는 두 쪽 벽면을 따라 부뚜막과 구들을 갖춘 취사시설이 설치되었으며, 구들이 한쪽 벽면의 전체 길이만큼 길고 'ㄱ'자와 'T'자 모양이 일반화되면서 난방의 기능이 강화되는 모습으로 변화하였다. 그리고 9세기 전반에 이르면 일부 지역의 거점 취락에서는 집자리 내부의 구들을 밖으로 내고 두 줄로 한 사례가 있고 구들과 45도 꺾어 배연구를 만든 사례도 나온다.

다만 신라 왕경王京 중심부에서는 수혈주거지의 모습이 거의 확인되지 않았으며 취사시설을 찾아보기 어렵다. 기단식 건물이 주거 공간으로 사용되면서 부엌과 관련된 시설이나 공간이 건물 외부에 별도로 설치되었을 가능성이 있다. 앞으로의 발굴조사를 통해 보다 명확하게 밝혀지겠지만 신라의 왕경 내 거주민과 지방민들이 서로 다른 주거환경에 맞춰 취사방식을 선택하였던 것으로 생각된다.

신라의 취사용기는 가야와 마찬가지로 그 특징이 명확하게 드러나지 않는다. 신라의 영역 확장과 그 영향이 일상용기에 즉각적으로 반영되었다고 보기는 어렵기 때문에 오랫동안 신라의 영역이었던 낙동강 동쪽 지역의 출토품을 통해 그 단면을 살펴볼 수 있다. 낙동강 동쪽 일대에서는 바닥에 원형의 구멍을 가진 시루와 함께 'ㅣ'자 모양의 구멍이 뚫려 있는 시루가 많이 발견되었다. 바닥은 뾰족하거나 둥근 모양이 많으며, 바닥의 'ㅣ'자 모양 구멍이 몸체까지 뚫려 있는 경우가 일부 확인되었다. 긴 몸 항아리는 둥글거나 뾰족한 바닥의 형태를 지닌 것이 낙동강 서쪽 지역보다 많이 발견되었다.

4~5세기 무렵에는 입 주변 아랫부분을 접거나 별도의 점토를 부착하여 전을 만든 '솥 모양 토기'라 불리는 토제 솥이 등장하였다. 신라만의 특징이라고 말하기는 어려우며 가야 세력의 영역을 포함한 영남 지방 생활 유적에서 확인되는 토기이다. 전이 달려 있어 받침 없이 아궁이에 직접 착장할 수 있는 용이함을 지니고 있다. 경주 금령총·천마총 등의 무덤과 경주 금장리와 같은 생활유적에서는 쇠솥이 발견되었다. 적어도 5~6세기경에는 찌는 밥이 아닌 쇠솥을 이용하여 밥을 짓는 것이 가능했던 것으로 보인다. 바리의 경우 둥글거나 뾰족하게 처리된 바닥의 형태가 많았으며, 4세기 중반 이후 그 수가 감소하여 5세기에는 거의 평평한 바닥을 지닌 바리가 많이 나타나게 된다. 취사용기 가운데 특이한 점은 경산 임당유적에서 발견된 것과 같이 아궁이 모양 토기와 항아리, 시루를 함께 결합하여 취사에 사용한 것이다. 항아리류를 취사용기로 조합하여 사용한 것은 대구 및 경주를 중심으로 한 지역적 특색으로 언급되고 있다.

경주 황성동 유적 가지구 Ⅱ-3호 집자리와 도면
국립경주박물관

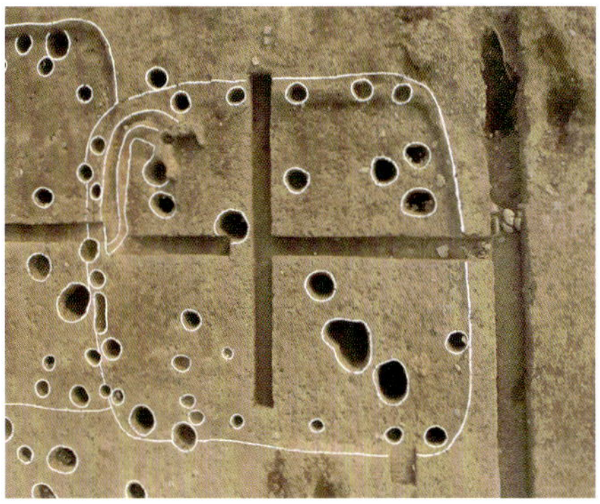

대구 매호동 1008번지 유적 26호 집자리와 'ㄱ'자 모양 구들
(재)영남문화재연구원

대구 매호동 1008번지 유적 5호 집자리와 'ㄷ'자 모양 구들
(재)영남문화재연구원

문경 신기동 740유적 제Ⅱ지역 원삼국시대 제7호 집자리
(재)대동문화재연구원

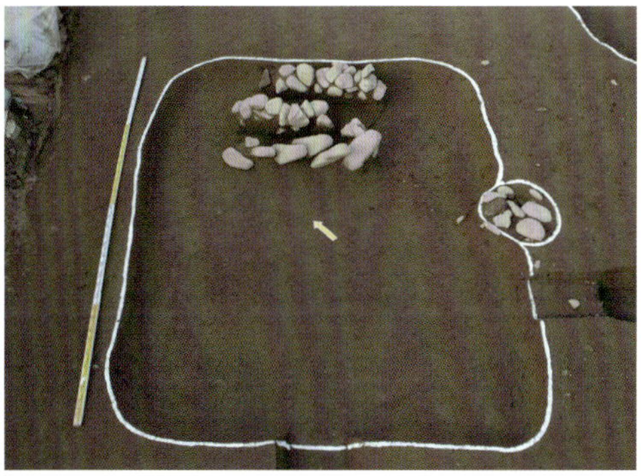

춘천 근화동 B구역 유적 삼국(신라)~통일신라 1호 집자리
강원도문화재연구소

먹거리와 식기

『후한서後漢書』 동이열전東夷列傳에는 예로부터 진한辰韓의 토질이 비옥하여 오곡이 잘 자란다고 적혀 있다. 삼국시대에는 농업생산력이 크게 발전하여 철기문화와 함께 철제 농기구가 보급되었다. 『삼국사기三國史記』 신라본기新羅本紀에는 신라가 초기부터 농경에 지대한 관심을 갖고 농업을 권장하는 내용의 관련 기사가 많이 실려 있다. 농지의 개간과 수리시설의 축조 및 정비, 우경牛耕의 실시 등은 곡식 생산의 증대를 가져왔다. 보리농사를 위주로 하던 신라는 조, 콩 등과 함께 벼농사를 확대해 나갔던 것으로 생각된다. 소지왕대에 이미 찹쌀糯이 있었다는 『삼국유사』의 기록이 있어 다양한 품종의 곡물이 섭취된 것으로 짐작된다. 떡에 대한 기록은 일찍부터 확인되는데, 유리왕과 탈해왕이 떡을 물어 잇자국으로 왕위를 정하였다는 이야기가 전해진다. 떡은 제사나 의례 때 술과 함께 올리는 중요한 음식이었으며 쌀이 귀한 당시에는 잡곡과 혼합하여 만들어졌을 것이다. 백결선생百結先生의 이야기에 방아가 등장하는 것은 널리 알려져 있으며 쌀을 가루로 하여 죽을 쑤거나 쪄서 먹던 것에서 발전하여 솥에다 쌀을 끓여 익히는 밥을 짓는 단계로 나아갔을 것이다.

육류나 어패류는 사냥과 채집, 축산 등을 통해 얻을 수 있었다. 『삼국사기』나 『삼국유사』에는 사슴, 꿩 등을 사냥한 관련 기록이 자주 나오고, 많은 유적에서 소, 돼지, 말, 개, 노루 뼈 등이 출토되었다. 황남대총과 천마총 등 4~6세기 신라 고분에서는 다양한 동물 뼈 외에도 참돔, 다랑어, 조기, 대구, 복어, 민어, 광어, 붕어, 잉어, 상어 등의 물고기 뼈, 전복, 오분자기, 소라, 바지락, 다슬기 등의 조개껍데기가 확인되었다. 복숭아와 참외 씨, 밤과 같은 과실류와 달걀 등도 토기에 담긴 채 함께 발견되었다. 이를 통해 죽은 이에게 바친 제사 음식뿐만 아니라 다양한 신라의 먹거리를 살펴볼 수 있다.

육류와 물고기, 채소 등의 장기 보존을 위해 신라인은 말리거나 절이거나 얼리는 등의 방식을 활용하였다. 통일신라 때의 기록이기는 하지만 신문왕이 보낸 폐백에는 포脯와 젓갈醢, 그리고 장醬, 메주豉와 같은 발효 음식이 포함되어 있으며, 이는 삼국시대부터 이어져 온 가공법으로 생각된다. 또 지증왕 때는 얼음을 저장하도록 한 기록이 있고 『삼국유사』 기이편紀異篇에도 유리왕 때 얼음 저장 창고藏氷庫를 만들었다는 이야기가 전해진다.

먹거리는 신분에 따라 큰 차이가 나는데, 부엌살림인 식기에도 그대로 반영되었다. 왕실이나 귀족들이 단단한 도질토기뿐 아니라 금, 은 등의 그릇을 사용한 것에 비해 피지배층인 백성들은 토기와 함께 나무 그릇을 식기로 많이 사용하였다. 신라는 골품제에 기반을 둔 사회였기 때문에 신분에 따라 용기 사용에 대한 규정을 만들기도 하였다. 『삼국사기』 잡지雜志 기용조器用條에는 4두품 이하의 신분을 가진 자들이 금과 은, 놋쇠로 만든 그릇이나 칠기漆器를 사용하는 것을 금하고 있다. 황남대총에서 금·은으로 만든 그릇이나 은제 국자 등이 여러 점 출토되고 금관총에서는 은제 숟가락이 발견된 것과 달리, 경산 임당 유적의 저습지에서는 다양한 생활 토기와 함께 나무로 만든 그릇과 국자 등이 출토되었다.

신라의 먹거리와 조리·가공법은 삼국 통일 이후 한층 더 다양해지고 발전되었다. 신라가 가야를 합병하고 백제, 고구려를 차례로 정복하면서 그들의 식문화 또한 흡수하고 융합하였다. 가야와 백제, 고구려 유민에 의해 새로운 조리법이 전해지고 넓어진 영토만큼이나 식재료의 가짓수와 양이 증가하여 서해안과 북부지역에서 나는 각종 토산물이 신라의 왕경으로 유입되었다. 가야왕들의 제사에서 술과 차, 과자 등 여러 음식들이 차려졌다는 기사와 문무왕대 재상인 거득공車得公이 50가지의 음식으로 잔치를 벌였다는 이야기 등은 통일신라 이후 풍성해진 식탁을 짐작하게 해주는 기록이다.

통일 이후 제사의례나 정치·외교 의식, 그리고 이와 관련된 연회 등이 늘어나면서 원활한 식재료

공급과 음식 장만을 위한 제도가 왕실에 마련되었다. 『삼국사기』 직관지職官志에는 궁중 음식과 관련된 것으로 추정되는 24개의 직책과 104명에 이르는 관리인원이 적혀 있다. 식재 조달부터 저장과 가공, 식기의 제조, 관련 용품의 준비, 그리고 음식 조리와 연료 담당까지 관련 직무가 매우 세분화되어 있고 체계화되어 있는 것을 알 수 있다.

신라의 먹거리와 관련된 문헌기록이나 고고학적 자료들은 상당부분 왕실이나 귀족층의 식생활에 국한된 것이다. 그러나 계층 간에 서로 영향을 주고받으며 확대·발전하였다는 점을 생각해 본다면, 삼국시대부터 형성된 신라의 식생활이 삼국 통일 이후 단순히 끼니를 연명하는 것에서 벗어나 고유의 식문화를 형성하는 데에 이르렀다고 할 수 있다.

경주 출토 신라 콩
국립중앙박물관

경주 천마총 출토 장군과 계란
국립경주박물관

경주 황남대총 출토 어패류
국립경주박물관

114 **아궁이 모양 토기**
釜形土器
Stove-shaped Pottery

전傳 금관가야 궁허지
가야
높이 45.8, 너비 45.0
국립김해박물관

오랫동안 금관가야의 왕궁지로 추정되어 온 김해 봉황동 유적에서 출토된 아궁이 모양의 토기이다. 취사용기를 끼우는 입 주변과 안쪽에 그을음이 남아 있다. 형태는 위아래가 뚫려 있는 원통 모양이며 위로 갈수록 폭이 좁아진다. 연료를 넣고 불을 들이는 화구火口는 크게 뚫려 있고 좌우 양쪽에는 짧은 쇠뿔 모양의 손잡이가 달려 있다. 바닥에 닿는 부분은 점토를 덧대어 약간 들리도록 하였는데, 화력 조절을 용이하게 하기 위한 통풍을 고려한 것으로 생각된다. 화구 위쪽으로는 챙이 달려 있고 챙 위쪽에는 반원의 띠가 돌려져 있다. 조리를 할 때 넘쳐흐르는 액체가 화구 안으로 떨어져 불을 꺼뜨리는 것을 방지하기 위한 것으로 추정된다. 약간의 차이는 있지만 유사한 형태의 예가 일본 오사카 시조나와테시의 시토미야키타 유적에서도 확인되고 있다.

115 **시루**
甑
Steamer

경산 임당유적
삼국
높이 30.3, 입지름 25.5
국립대구박물관

116 **짧은 목 항아리**

短頸壺

Short-necked Jar

경산 임당유적

삼국

높이 30.7, 입지름 19.9

국립대구박물관

117 **아궁이 모양 토기**

釜形土器

Stove-shaped Pottery

경산 임당유적

삼국

높이 26.8, 너비 26.2

국립대구박물관

118 **시루****

甑

Steamer

용인 할미산성
신라
높이 31.2, 입지름 30.4
국립공주박물관

119 **긴 독****

長胴甕

Jar with Elongated Body

부산 두구동 취락 유적
삼국
높이 45.7, 입지름 18.5
부산정관박물관

120 **쇠솥****
鐵釜
Iron Cauldron

김해 양동리 고분군
가야
높이 34.2, 입지름 24.5
국립김해박물관

삼국시대의 쇠솥은 출토된 수량이 많지 않고 대부분 값비싼 껴묻거리와 함께 확인되어 당시 높은 신분의 사람들이 사용하던 물건으로 추정된다. 양동리 고분군 318호무덤에서 출토된 이 유물은 162호무덤 출토 쇠솥과 함께 가야 문물의 다양함과 풍부함을 확인케 해주는 귀한 자료로 평가받고 있다.

121 **솥 모양 토기****

釜形土器

Cauldron-shaped Pottery

부산 분절 조개무덤
삼국
현재높이 26.3, 입지름 18.9
부산광역시립박물관

영남지방의 4~5세기 생활유적에서는 입 주변 아래로 평편한 점토 띠의 전이 달린 토제 솥이 발견되었다. 전으로 인해 아궁이에 안정적으로 걸칠 수 있어 넘어질 염려가 없고 아래를 지지해 줄 솥받침이 필요하지 않게 되었다.

122 **솥 모양 토기****

釜形土器

Cauldron-shaped Pottery

창원 용동 유적

삼국

현재높이 31.2, 복원입지름 20.3

국립김해박물관

123 **솥 모양 토기**

釜形土器

Cauldron-shaped Pottery

창원 다호리 유적

삼국

높이 27.4, 입지름 18.3

국립김해박물관

124 **솥 모양 토기**

釜形土器

Cauldron-shaped Pottery

김해 송정리 유적

가야

현재높이 19.7, 입지름 9.0

국립김해박물관

125 **솥 모양 토기 조각**

釜形土器片

Potsherd_Cauldron-shaped Pottery

부산 낙민동

삼국

현재높이 9.2, 입지름 10.8

부산광역시립박물관

126 **손잡이 달린 항아리**

把手附壺

Jar with Handles

부산 두구동 취락 유적

삼국

높이 26.5, 입지름 25.6

부산정관박물관

127 손잡이 달린 항아리

把手附壺

Jar with Handles

부산 두구동 취락 유적

삼국

높이 19.0, 지름 33.0

부산정관박물관

128 손잡이 달린 항아리

把手附壺

Jar with Handles

부산 두구동 취락 유적

삼국

높이 12.5, 입지름 19.1

부산정관박물관

129 **굴뚝**
煙筒
Stovepipe

부산 두구동 취락 유적
삼국
높이 24.4
부산정관박물관

130 **솥 모양 토기**

釜形土器

Cauldron-shaped Pottery

오송 취락 유적

통일신라

높이 24.5, 입지름 21.1

국립청주박물관

131 **네 귀 달린 솥**
四耳附鍑
Cauldron with Four Lugs

김해 삼계동 유적
통일신라
높이 29.1, 입지름 13.2
국립김해박물관

132 **쇠솥**

鐵鍑

Iron Cauldron

서울 아차산성

통일신라

높이 21.4, 입지름 22.2

133 **구멍 있는 항아리**
有孔壺
Perforated Jar

부산 낙민동 유적
삼국
높이 15.5, 입지름 10.6
부산광역시립박물관

부산 낙민동 303번지 유적의 구덩이 유구에서 출토된 항아리로, 목에는 지름 약 1㎝의 원형 구멍이 두 개 뚫려 있다. 토기의 입이나 그 주변에 구멍을 뚫은 것은 끈을 연결하여 걸어두거나 이동할 때 용이하게 하기 위한 것으로 추정된다. 무른 연질토기의 경우 액체류보다는 곡식과 같은 재료 등을 넣어 보관하는 데 사용하거나 조리를 하는 데 사용했을 가능성이 있다.

134 **짧은 목 항아리**
短頸壺
Short-necked Jar

서울 우면동 유적
신라
높이 11.9~13.3, 입지름 9.6~11.7

135 **짧은 목 항아리**

短頸壺

Short-necked Jar

서울 독산동 유적

신라

높이 11.4~13.5, 입지름 10.4~12.2

136 **손잡이 달린 항아리**

把手附壺

Jar with Handles

충주 탑평리

신라

높이 21.5, 입지름 29.5

국립청주박물관

137 **굽다리 접시**

高杯

Mounted Dish

서울 독산동 유적

신라

높이 3.9, 입지름 14.6

138 **굽다리 접시**

高杯

Mounted Dish

서울 독산동 유적

신라

높이 5.0, 입지름 14.2

139 **굽다리 접시**
高杯
Mounted Dish

서울 독산동 유적
신라
높이 3.9, 바닥지름 7.6

140 **굽다리 접시**
高杯
Mounted Dish

서울 독산동 유적
신라
높이 7.3, 입지름 12.3

141 **굽다리 접시**
高杯
Mounted Dish

서울 독산동 유적
신라
높이 7.5, 입지름 12.0

접시 안 옻칠 흔적

142 **굽다리 사발**
臺附盌
Mounted Bowl

서울 우면동 유적
신라
높이 9.4, 입지름 13.5

143 **표주박 모양 토기**
瓢子形土器
Gourd-shaped Pottery

창원 외동 유적
원삼국
현재길이 7.9, 8.8, 너비 3.9, 9.9
국립김해박물관

144 **표주박 모양 국자**
瓢子形杓子
Gourd-shaped Ladle

김해 죽곡리 유적
삼국
길이 12.8, 입지름 7.5
국립김해박물관

145 **국자 모양 토기**
杓子形土器
Ladle-shaped Pottery

창녕 강리 유적
삼국
높이 5.5, 입지름 9.6
국립김해박물관

146 **숟가락 모양 목기**
柶形木器
Spoon-shaped Woodenware

부산 낙민동 유적
삼국
길이 7.2, 너비 2.3
부산광역시립박물관

부산 낙민동 100번지 유적 조개무지에서는 다량의 목제품과 목제 껍질이 발견되었다. 목기를 가공하던 공방이 인근에 있었던 것으로 추정되며 농기구나 건축부재 등 대형 목제품은 발견되지 않았고 소형의 목제품이 여럿 출토되었다.

147 **나무 바가지**
木製瓢
Gourd

부산 기장 가동유적
삼국
높이 5.0, 길이 24.6
부산정관박물관

148 **청동 숟가락**

靑銅匙

Bronze Spoon

울산 조일리 고분군
신라
길이 20.4, 너비 3.0
국립김해박물관

149 **쇠손칼**

鐵刀子

Iron Knife

함안 오곡리 유적
삼국
길이 13.6, 너비 2.0
국립김해박물관

150 **뼈손칼**
骨刀子
Bone Knife

부산 고촌리 생산 유적
삼국
길이 20.3, 너비 2.5
부산광역시립박물관

부산 고촌리 생산 유적에서는 수많은 완제품 또는 미완성의 사슴뿔로 만든 칼 손잡이가 출토되었다. 이 같은 칼 손잡이는 부산 낙민동 100번지 유적에서도 다량으로 출토되어 이 일대에서 사슴뿔의 가공이 전업적으로 이루어진 것을 알 수 있다. 또한 김해의 예안리 고분에서도 발견되어 당시 넓은 지역에서 상당한 수요가 있었음을 짐작하게 해준다. 삼국시대에는 사슴을 사냥하여 자주 식용으로 섭취하였으며, 뿔을 비롯한 먹고 남은 뼈는 골각기骨角器의 재료로 사용되었다. 특히 사슴뿔은 칼이나 낫으로도 쉽게 손질이 가능하여 다양한 생활도구나 장신구로 만들어졌다.

151 **뼈 칼손잡이**
骨刀子釗
Bone Handle

부산 고촌리 생산 유적
삼국
길이 12.6, 너비 2.5
부산광역시립박물관

152 **뼈 칼손잡이**
骨刀子釗
Bone Handle

부산 낙민동 유적
삼국
길이 11.4, 너비 2.1
부산광역시립박물관

153 **뚜껑 굽다리 접시**
有蓋高杯
Mounted Dish with Lid

함안 오곡리 유적
가야
굽다리 접시: 높이 15.2, 입지름 14.2
뚜껑: 높이 6.2, 지름 16.0
국립김해박물관

굽다리 접시는 선사시대부터 동아시아 일대의 여러 유적에서 확인되는 그릇 중 하나이다. 중국에서는 '두豆'라는 명칭으로 불렸으며 제기祭器로서 많이 사용되었다. 『주례』에 따르면 이 접시에 나물이나 고기를 담았다고 한다. 함안 오곡리 유적의 고분군에서는 뚜껑이 있는 굽다리 접시가 여러 점 출토되었는데, 5호 돌널무덤에서는 비교적 양호한 상태의 물고기 뼈가 놓인 굽다리 접시 2점이 확인되었다. 그중 이 접시 안에는 한 개체의 물고기 뼈가 놓여져 있었으며 척추뼈의 상태로 보아 통째로 넣은 것이 아니라 토막으로 등분하여 넣은 것으로 추정된다.

154 **종자**
籽
Seed

부산 고촌리 생산 유적
삼국
길이 0.1~1.2
부산정관박물관

부산 고촌리 생산 유적에서 출토된 곡물과 채소 등의 종자로, 왼쪽 상단부터 시계 방향으로 조, 콩, 개똥참외 씨, 박씨이다. 원산지는 각각 다르지만 여러 문헌과 발굴을 통해 우리나라에서 모두 오랜 재배 역사를 지닌 작물임을 알 수 있다. 조는 『삼국사기』의 신라본기와 백제본기 등에 관련 기록이 많이 남아 있고 통일신라 이후에도 가장 중요한 곡물 중 하나로 기술되어 있다. 콩 또한 서리나 우박으로 인한 피해가 『삼국사기』 기록에 여러 차례 보인다. 박은 신라본기에서 시조의 성姓을 '박朴'으로 삼은 것이 진한 사람들이 표주박瓠을 일컬어 '박'이라고 한 데서 연유하였다고 적혀 있다. 참외 또한 박과에 속하는 식물로 삼국시대 또는 그 이전에 중국의 화북으로부터 들어와 통일신라 때부터 재배가 일반화된 것으로 알려져 있다.

155 **동이**

大鉢

Big Bowl

서울 아차산성
통일신라
높이 28.5, 입지름 17.6

156 **굽다리 사발·사발**
臺附盌·盌
Mounted Bowl·Bowl

서울 몽촌토성
통일신라
굽다리 사발: 높이 5.5, 입지름 12.5
사발: 높이 6.0, 입지름 15.0

157 **납작병**

扁甁

Flettened Bottle

서울 아차산성

통일신라

높이 19.7

158 **칠기 접시**

漆皿

Lacquerware Dish

서울 아차산성
통일신라
높이 2.6, 추정입지름 15.9

159 **청동 숟가락**

靑銅匙

Bronze Spoon

청주 용암 유적
통일신라
길이 20.7, 너비 6.3
국립청주박물관

청주 용정동의 돌덧널무덤石槨墓에서 출토된 숟가락이다. 국자 모양의 숟가락은 둥근 잎을 가지고 있지만 전형적인 원형의 숟가락보다 크고 손잡이도 길다. 이러한 형태의 통일신라 숟가락은 경주 안압지를 비롯하여 동궁 월지, 국립경주박물관의 우물, 경주 노동동 12번지 유적 등 여러 유적에서 확인되었다.

COLUMN 5.

삼국의 한상차림별 특징 : 식기류

한지선 국립중원문화재연구소 학예연구사

식기의 범위는 조리용기, 저장용기, 배식용기, 이동용기 등 그 범주가 넓지만, 여기서는 음식을 담아 식사할 때 사용되는 배식용기를 중심으로 살펴보고자 한다. 배식용기는 토제 이외에도 목제·옻칠제·금속제·유리제 등 다양하게 사용되었겠지만, 현존한 고고자료에서는 토제품이 다수를 차지하고 있어 주로 토제 배식용기를 중심으로 한 삼국의 한상차림[1]별 특징을 검토하고자 한다.

삼국의 한상차림을 살펴보기 위해서는 각 나라별 식문화를 엿볼 필요가 있다. 당시 삼국은 공히 좌식 문화를 공유하고 있었으며 개인 식기 내지 반상飯床 문화의 도입은 삼국시대 고구려–백제–신라 순으로 시간차를 두고 이루어졌다. 한반도에서의 반상 및 개인 식기의 사용은 중국의 문화에서 영향을 받아 정착된 것으로, 이전까지는 가족 등의 단위에서 집단으로 대각臺脚이나 다리가 긴 조俎나 두豆, 목제 그릇 등에 음식물을 담아서 손으로 먹는 수식手食 위주였으니(오승환 2019), 이러한 반상 및 개인 식기의 사용은 음식문화에 있어서 획기적인 변화라 할 수 있다.

중국과 지리적으로 가까운 고구려는 이러한 영향이 가장 먼저 확인된다. 특히 각종의 고분 벽화 자료를 통해 당시의 식생활을 상세히 엿볼 수 있다. 특히 무용총의 〈접객도接客圖〉에서는 안案에 완盌과 같은 작은 배식용기 4점이 올려져 있고 이렇게 작은 배식용기를 담은 개인상 이외에도, 공용으로 술이나 음료는 세발상에, 과일이나 과자 등의 음식은 큰 그릇에 담아 별도의 네발상에 올리고 있어 접객 시 세트를 이루었음을 알 수 있다(정수옥 2015, 오승환 2021). 고구려의 식기는 완, 대부완臺附盌, 종지, 접시, 구절판 등이 있는데, 고구려의 남정南征으로 남한에서도 다양한 고구려의 배식기를 살펴볼 수 있다.

고구려의 배식용기

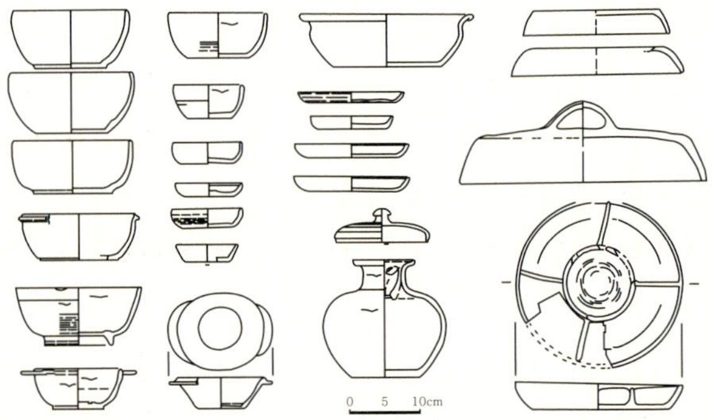

서울 구의동 유적·몽촌토성

무용총 〈접객도〉 벽화

백제의 식기는 신라나 가야에 비해 좀 더 빨리 발달하는데, 이 또한 고구려와 마찬가지로 중국과의 밀접한 교류관계에 기인한다. 특히 일찍부터 대각의 높이가 낮은 단각短脚의 고배高杯나 삼족기三足器 등 배류가 발달했으며, 배류와 함께 완류와 접시류 등이 배식용기로 사용되었다. 이 배식용기는 높이가 낮아 바닥이나 반盤에 놓아 사용할 수 없으므로 고구려와 같이 안案과 같은 상문화가 일찍부터 발달했을 가능성을 보여준다. 특히 완류의 경우 처음에는 평저에 굽이 없거나 심도가 깊은 형태에서 4세기 중반 이후 중국 자기의 영향으로 모방이 이루어지면서, 굽이 있거나 심도가 낮고 동체와 저부로 이어지는 면이 곡률을 이루며, 얇아서 가벼워진 형태로 제작되는 특징을 보인다(한지선 2011, 정수옥 2015). 사비기에는 중국과 고구려의 식기 영향이 더해져서 청자완을 모방한 형태와, 전이 달리거나 뚜껑과 함께 제작되는 굽이 있는 대부완이 유행하게 된다.

신라의 경우 고구려나 백제에서 확인되는 안을 이용한 상 문화는 좀 더 늦게 출현했을 것으로 추정된다. 먼저 4~5세기 취락 유적에서

1 상문화에는 '안案'과 '반盤'이 있다. '안案'은 높은 상다리가 있는 상을 말하고, '반盤'은 다리가 없거나 매우 얕은 다리가 있는 상을 말한다.

백제 배식용식의 변천

한성1기	한성2기	웅진기	사비기
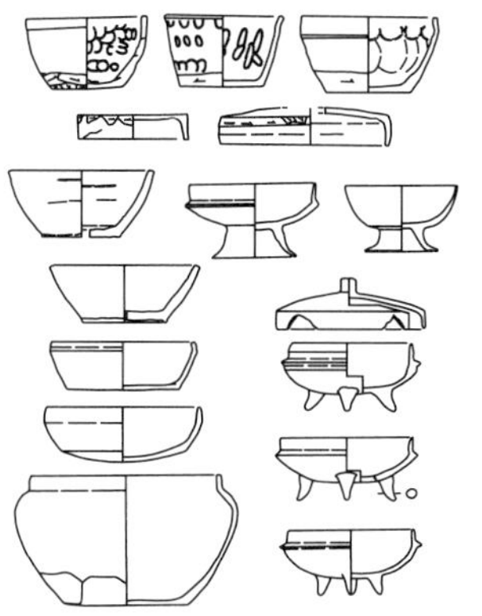	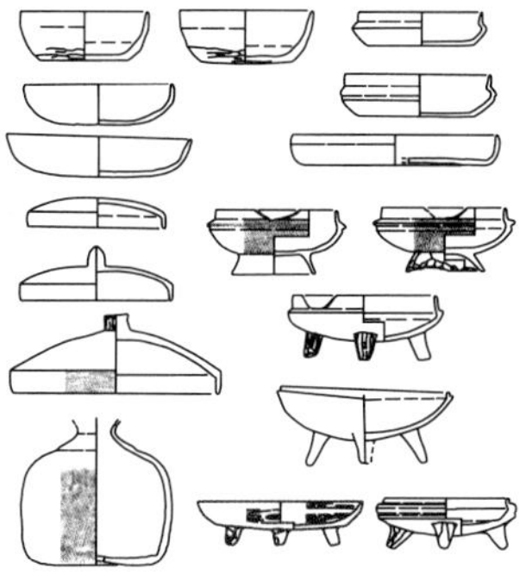	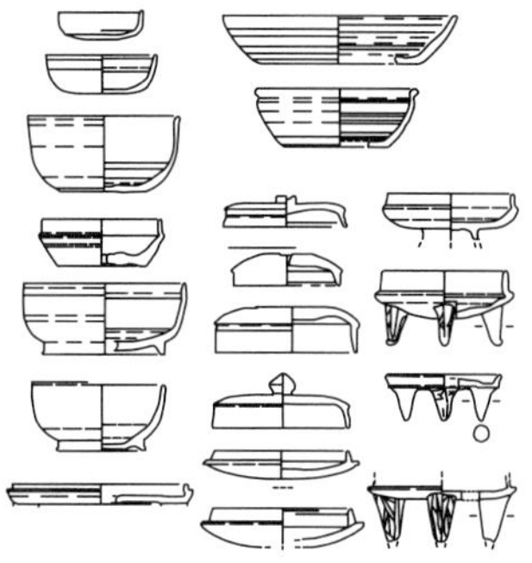	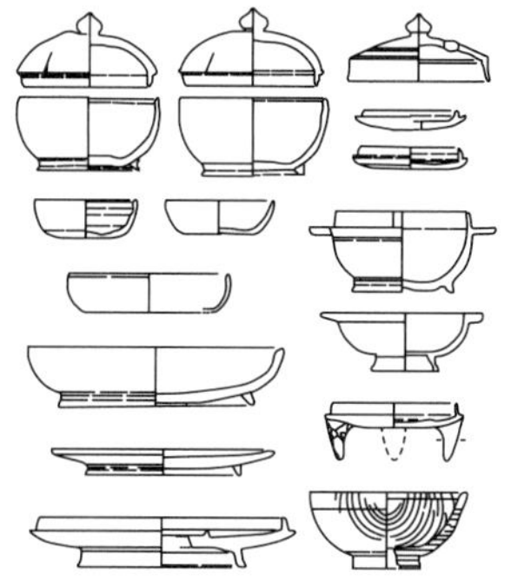
서울 풍납동 토성, 몽촌토성		공주 공산성 성안마을	부여 관북리, 능산리, 나성, 화지산, 동남리, 쌍북리, 익산 왕궁리

확인되는 완이나 접시, 고배 등 배식용기로 사용 가능한 기종의 출토 횟수를 보아도 유적 전체에서도 출토 비중이 매우 적지만, 그나마 출토되더라도 1~2점에 그치고 있어, 개인 배식용기가 아닌 공용 배식용기로 장류 등의 소스를 담거나 의례용기 등으로 사용되었을 가능성이 있다. 동시기 고분에서는 대각이 높은 2단 내지 3단의 고배가 다수 확인되고 있다. 이들 기종이 일반의 식사에 배식용기로 사용되었다면 안위에 올릴 경우 좌식을 기준할 때 그릇의 높이가 함께 올라가기 때문에 먹을 때 불편할 수 있어 당시에는 앞서 살펴본 조나 두와 같이 바닥이나 반과 같은 낮은 상에 올려 사용했을 가능성이 있다(오승환 2021). 6세기 말 이후 대각 높이가 낮은 단각고배가 발달하면서(송상우 2010) 규격화된 완도 대량 생산 및 광범위하게 보급되고 있어 이 시점부터 안과 같은 상 문화와 개인 식기 문화가 본격적으로 발달했을 것으로 추정된다.

삼국은 공히 농업과 수렵, 사육 및 어로 행위 등을 통해 식재료를 획득했다. 특히 당시의 농업으로는 벼와 함께 오곡五穀 즉, 수수黍, 차조稷, 보리麥, 메조粟, 콩菽·豆 등의 곡물을 재배했고, 수렵으로는 노루

신라·가야의 배식용기 변천

4세기	5세기	6세기	7세기
	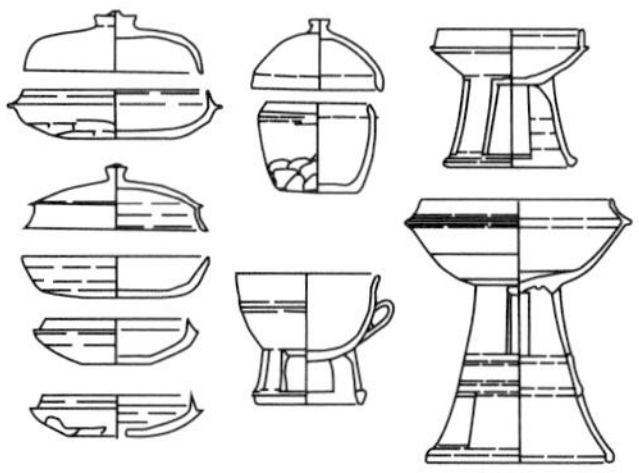	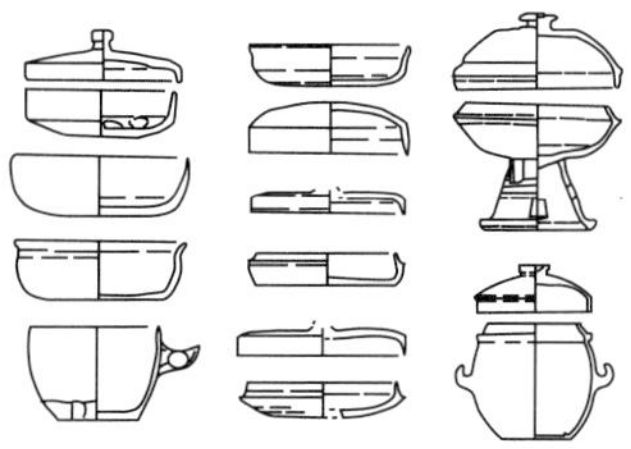	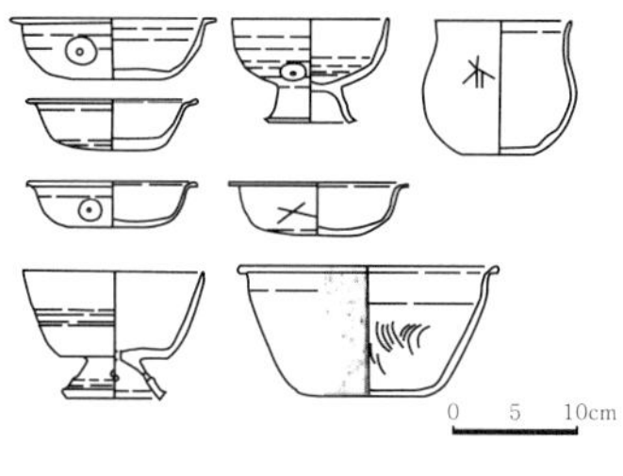
하동 횡천리, 함양 화산리, 산청 하촌리	산청 하촌리, 경주 월성로, 경주 동산리	산청 하촌리, 경주 월성로, 미추왕릉	산청 하촌리

와 사슴, 멧돼지, 꿩 등이 주 대상이 되었으며, 닭과 말, 소, 돼지 등을 사육하고, 바다와 민물에서 다양한 어종을 획득했음을 『삼국지三國志』, 『삼국사기三國史記』, 『삼국유사三國遺事』 등의 기록을 통해 상세히 살펴 볼 수 있다. 뿐만 아니라 각종 발효식품도 발달하는데 술, 된장, 간장, 젓갈 등도 기록에서 확인할 수 있다.

특히 고구려는 조밥을 많이 먹었으며 『삼국사기』 동천왕조에 수라상에 국을 엎질렀다는 기록 등에 근거해 당시에도 현대처럼 국을 먹었다는 것을 알 수 있다. 또한 고분 벽화에서도 나오는 디딜방아로 떡을 만들어 먹거나, 고기를 구운 맥적貊炙을 먹었다고 한다(김상보 2003). 따라서 조밥과 국을 완에, 그리고 맥적이나 떡 등의 요리를 접시에, 찜과 같은 요리를 깊이 있는 큰발 형태의 그릇에, 장류 등을 종지 그릇에 담는 등의 한상 차림을 유추해 볼 수 있다.

백제의 경우 『수서隋書』 「백제전百濟傳」에 "화식火食을 하지 않는다." 와 『북서北史』 「동이전東夷傳」에 "거율巨栗[큰밤]이 있고, 오곡·잡과·채소·주례酒醴[술과 감주]·효찬肴饌[술안주와 반찬]이 있는데 대부분은 중국과 같다" 는 기록이 있다. 또한 삼국 중에서 시루의 출토량이 가장 많다. 그리고 풍납동 토성에서는 저장창고에서 출토된 대형의 항아리에 복어뼈와 참돔뼈가 확인되어 젓갈이 담겨져 있었을 가능성이 있다(권오영 2011). 이를 근거로 당시 백제인들은 밥과 국 이외에 불을 사용하기보다는 젓갈이나 건어물 등의 냉식류를 선호했을 가능성이 있고 시루를 이용한 떡과 수육, 물고기찜 등의 한상차림을 상상해 볼 수 있다.

신라는 오곡 중에서도 『삼국사기』에 콩과 보리에 관련된 기록이 많은 것으로 보아 이들 농사를 중시했던 것을 알 수 있다. 또한 백제와 더불어 복숭아와 살구, 밤이 유명했고 오이나 참외도 재배되었다. 또한 돼지, 닭, 개 등 가축의 사육도 발달했는데, 이 중에서도 특히 닭의 사육을 통해 계란(천마총)과 닭고기(고령 지산동 고분)를 섭취한 사실은 발굴조사를 통해서도 확인된 바 있다. 이밖에 각종 토우를 통해 다양한 종류의 식용섭취가 이루어졌음도 주목된다. 이외에도 패총이 다수 발견되고 항아리에서도 조개가 담겨 출토되는 것 등을 볼 때 어패류의 섭취가 많았음을 알 수 있다. 이를 통해 볼 때 신라인들은 콩이나 보리밥과 조개 등을 끓인 국, 닭과 같이 사육된 가축을 요리하거나 고래고기 등을 한상 차림으로 내놓는 상상을 해볼 수 있다.

상차림 관련 자료

고구려	백제	신라

무용총 접객도	무령왕릉 제대祭臺 국립공주박물관	황남대총 북분 출토 토제반 국립경주박물관

참고문헌

공주대학교박물관, 『공주 공산성 성안마을 제4,5차 발굴조사보고서』, 2016.

공주대학교박물관, 『공산성 백제왕궁 관련유적 III』, 2018.

국립경주박물관, 『慶州市 月城路古墳群』, 1990.

국립문화재연구소, 『風納土城 Ⅰ』, 2000.

국립문화재연구소, 『風納土城 XI』, 2000.

국립문화재연구소, 『風納土城 XIII』, 2000.

권오영, 「3. 196호 유구의 성격」, 『風納土城XII』, 한신대학교박물관, 2011.

南翼熙, 『新羅土器 研究』, 慶北大學校 文學博士學位論文, 2019.

김상보, 「한성백제시대의 음식문화」, 『鄕土서울』第63號, 서울특별시사편찬위원회, 2003.

서울대학교박물관, 『夢村土城』, 1987.

송상우, 「경주지역 고분 출토 단각고배에 관한 연구」, 『대구사학』101집, 대구사학회, 2010.

오승환, 「古代 盤床 研究」, 『야외고고학』제40호, 한국문화유산협회, 2021.

(財)우리文化財研究院, 『河東 橫川里 遺蹟』, 2013.

정수옥, 「백제 식기(食器)의 양상과 식사문화」, 『중앙고고연구』제17호, 중앙문화재연구원, 2015.

鄭孝銀, 『慶南西部地域 三國時代 生活用土器 變遷過程 研究』, 慶尙大學校 碩士學位論文, 2015.

河承哲, 「4~6世紀 南江水系 聚落 出土 土器의 編年」, 『韓日聚落研究』, 서경, 2013.

한지선, 「漢城百濟期 盌의 制作技法과 그 變天」, 『文化財』44권(4호), 국립문화재연구소, 2011.

COLUMN 6.

삼국의 식사도구와 방법

오승환 가디언문화유산연구원 원장

우리나라 음식문화의 주요한 특징 중 하나로 '주식主食'과 '부식副食'의 분리를 들 수 있다. '주식'은 곡물을 찌거나 끓여서 호화시킨 '밥'이고 '부식'은 여기에 곁들여 먹는 '반찬'이다. '주식'과 '부식'의 구분은 단지 음식의 재료와 형태의 차이만 있는 것이 아니라 조리법을 비롯하여 식사 도구와 방식에 이르기까지 많은 곳에 영향을 미치게 된다.

우리나라에서 '주식'과 '부식'으로 음식이 나뉘는 것은 '부뚜막(구들)'[1]과 '시루'를 이용하여 밥과 음식을 조리하기 시작한 원삼국시대부터이다. 취사시설인 '부뚜막'이 집안에 들어오면서 '시루'도 함께 사용되었다. '시루'에는 쌀이나 조, 보리 등의 곡식을 넣고 찌는 방식으로 밥을 지었다. 그러나 탄수화물로 이루어진 밥만 먹을 수 없어 곁들여 먹는 '반찬'을 필요로 하여 '주식'과 '부식'이 분리된 식사에서 밥을 반찬과 함께 먹는 방식으로 변화하게 된다.

'주식'인 밥은 가급적 쌀 또는 한두 종류의 잡곡만 넣고 짓는 형태로 단순해진다. 하지만 '부식'인 반찬은 그 재료와 조리방식이 늘어나게 되어 음식의 종류도 다양해졌다. 늘어난 여러 종류의 음식을 담기 위해서는 여기에 걸맞는 모양과 크기의 그릇을 필요로 하게 된다. 삼국시대의 음식문화가 발달하면서 다양한 종류와 형태의 음식기로 분화되는 것은 이 때문이다.

숟가락과 젓가락

고대인의 식사에는 지금처럼 숟가락과 젓가락을 함께 사용하지 않았다. 오늘날 우리가 숟가락이나 젓가락은 식사 때마다 쓰지만, 포크는 필요할 때만 꺼내어 쓰는 것처럼 별개의 식사도구로 인식되었기 때문이다.

오녀산성 출토 숟가락과 젓가락으로 보아 고구려에서는 이를 이용한 식사법이 4세기 말~5세기 초에는 존재하였음을 알 수 있다. 그러나 고구려에서 일상적으로 숟가락과 젓가락을 이용하여 식사를 하였는지에 대해서는 분명하게 알 수 없다. 오녀산성 말고는 고구려의 숟가락이나 젓가락이 출토된 사례가 아직 없기 때문이다. 심지어 고구려의 고분벽화 어디에도 숟가락과 젓가락은 그려져 있지 않다. 서울 구의동 보루에는 6세기 대 생활도구가 고스란히 남아 있지만 숟가락이나 젓가락은 출토되지 않았다. 그러므로 고구려에서 숟가락과 젓가락을 이용한 식사방식은 도성과 일부지역을 중심으로 왕실과 상류층에서만 쓰인 것으로 생각된다.

신라의 숟가락은 금관총에서 출토된 은제품 5점뿐이어서 왕실에서나 사용된 것으로 추정된다. 다만 금관총의 은숟가락과 함께 공반하는 다수의 금속유물이 고구려의 전래품이란 점에서 이것이 실제 식사도

1 엄밀히는 '구들'의 등장이며, 난방과 무관한 '아궁이' 부분을 따로 분리해서 '부뚜막'으로 쓰기도 하는데 여기에서는 모두 '부뚜막'으로 통칭하였다.

구로 쓰였는지는 불투명하다. 이는 삼국 가운데 신라에서만 숟가락이 생활유적에서 출토되지 않으며, 금관총에서만 은제 숟가락 5점이 부장되고 있는 출토맥락을 보더라도 그러하다. 다만 젓가락은 함안 성산 산성 등에서 목제품이 여러 점 출토되는 것으로 보아 6세기 무렵에는 귀족이나 관료 계층에서도 젓가락을 이용한 식사방식이 존재하였음을 알 수 있다.

백제에서는 청주 신봉동 유적에서 한성기 청동 숟가락이 출토되는 것으로 보아 왕실과 귀족층에서 이를 사용한 식사방식이 존재한 것으로 여겨진다. 무령왕릉에서는 웅진기의 젓가락과 숟가락이 여러 점 출토되지만 크기와 짝이 맞지 않고 서로 떨어져 있는 것으로 보아 한 벌로 쓰이지 않았음을 알 수 있다. 사비기에는 금속뿐 아니라 칠기, 목기, 옥기로도 만들어지며, 출토 사례도 많아 숟가락과 젓가락을 이용한 식사법이 일반 계층까지 확대된 것으로 보인다.

밥상

우리나라에서 음식을 밥상에 차려먹는 식사법은 삼국시대부터 나타난다.

고구려에서는 무용총, 각저총, 안악 3호분 등의 고분벽화에 여러 종류의 상床의 사용 장면이 묘사되어 있다. 상과 함께 묘사된 음식기도 반盤, 완盌, 발鉢, 배杯 등 유적에서 출토되는 것과 같은 기종구성을 보이고 있다. 다만 굽이 높은 고배高杯가 출토되지 않는데, 이는 밥상을 이용한 식사법이 일찍 자리를 잡았기 때문으로 판단된다. 고구려의 상은 오늘날의 소반과 비슷하거나 약간 높은데 벽화에 묘사된 것만 보더라도 4가지가 넘는다. 고구려의 식사법은 좌식이 기본이지만 귀족들은 손님과 함께 등 받침이 없는 앉은뱅이 의자나 평상에 앉아 상에 차려진 음식을 먹기도 하였다.

신라에서는 경산 임당과 부산 고촌의 저습지 유적에서 조립식 상의 부재가 출토되었다. 이를 통해 3세기 무렵이면 판재板材를 조립하여 상을 만들었다는 것을 알 수 있다. 그러나 이 부재는 밥상이 아닌 글을 읽거나 쓰고 문서를 작성하던 책상의 일부로 밝혀졌다. 대신 천마총 부장곽副葬槨에서 출토된 칠반漆盤을 통해 당시의 밥상의 모습을 살펴볼 수 있다. 칠반은 다리가 없고 원형의 외곽에 턱을 돌린 형태이다. 외곽의 턱은 음식기가 밖으로 밀려 나가지 않도록 설치한 것으로 고대 동아시아 밥상의 주요한 특징이다. 칠반 안에 음식기가 놓여진 것으로 보아 신라에서는 5세기까지도 다리가 없는 반에 음식을 차려 먹었다는 것을 알 수 있다. 신라에서 다리가 없는 반이 사용하는 대신 음식기는 굽이 높은 고배를 썼다. 하지만 6세기부터 고배의 굽이 낮아지게 되는데, 이때부터 다리가 달린 밥상을 사용하기 시작하는 것으로 볼 수 있다.

백제에서는 웅진기의 무령왕릉 출토 제대祭臺와 사비기의 관북리 유적 출토 판재를 통해 밥상을 이용한 식사법이 존재한 것을 알 수 있다. 백제는 한성기부터 굽 없는 토기 기종이 사용될 뿐 아니라 고배의 굽도 신라나 가야에 비해 낮다. 한성기의 삼족기三足器는 접시 부분이 완처럼 운두가 깊지만 웅진기부터 점차 심도가 얕아지고 다리도 짧아진다. 이러한 변화를 통해 대부분의 음식 기종이 나타나는 한성Ⅱ기 무렵이면 밥상을 이용한 식사 방식이 자리 잡는 것으로 판단된다. 사비기에는 밥상에 올라가는 음식기종인 완, 접시, 개배, 삼족기, 전 달린 토기有頸土器 등이 사용되지만 고배는 거의 사라지게 된다. 이로 보아 한성기~웅진기까지는 다리가 없는 반과 다리가 달린 상을 이용하다 사비기에는 거의 상 위주로 변화하는 것으로 판단된다.

이와 같이 우리나라에서 밥상에 음식을 차려놓고 숟가락과 젓가락으로 음식을 먹는 식사법은 삼국시대에 시작되어 정착되어가는 것으로 살펴볼 수 있다. 하지만 이것이 모든 지역이나 계층에서 이루어진 것은 아니어서 지역과 국가마다 그 시차는 분명 존재한다. 특히 백제 사비기를 제외하고는, 삼국의 왕실이나 귀족계층에서 주로 쓰였을 뿐 아직 모든 계층으로 확산되지는 않았다. 따라서 삼국시대에는 식사에 숟가락과 젓가락뿐 아니라 손으로 음식을 먹는 '수식手食'도 여전히 이루어졌음을 알 수 있다.

밥상을 이용한 식사방식도 삼국의 편차가 나타난다. 고구려는 4세기 이전부터 의자와 상이 쓰였으며 일찍부터 밥상을 이용한 식사법이 정착하였다. 백제는 한성기부터 다리가 없는 반과 다리가 달린 상이 모두 쓰이다 사비기에는 상 위주로 변화하였다. 신라에서는 5세기까지 다리가 없는 반을 사용하다 6세기부터 상에서 식사하는 방식으로 바뀌게 된다. 결국 삼국 모두가 밥상에 음식을 차려놓고 숟가락이나 젓가락으로 먹게 되는 시점은 6세기 무렵부터라 할 수 있다.

에필로그
Epilogue

부엌의 의미

1980년대 이후 부엌 대신 주방廚房이라는 단어가 일반화되었다. '음식을 만들어서 차리는 방'이라는 의미의 주방은 서구의 입식 부엌이 보급되면서 다이닝 공간으로서의 기능이 강화되었다. 이전의 부엌이 여성이 주가 된 공간이었다면, 지금의 주방은 가족이 모여서 대화를 나누고 음식을 함께 먹는 "식구들이 소통하는 공간"으로 의미가 달라졌다.

신석기시대 수혈식주거에서 취사와 난방을 함께하던 시기에는 온 가족이 둘러앉아 식사를 하는 생활공간과 부엌이 분리되지 않은 한 곳의 공간이었다. 이후 청동기시대의 부뚜막이 등장하면서 부엌과 생활공간이 분리되게 된다. 통일신라 이후 조선시대까지 부뚜막은 취사와 난방을 함께 담당하는 중요한 공간이었다. 부엌의 개량화를 추구하면서 부뚜막은 연탄아궁이를 만나며 부엌과 난방이 분리되지만 아직 집 안으로까지 들어오지 못하였다. 입식부엌으로 대체되면서 난방과 취사가 분리된 채 집안으로 들어오게 된다. 현대의 부엌은 과거 신석기시대와 같이 온 가족이 함께하는 공간으로 되돌아왔다. 우리가 먹고 있는 주된 식재료인 쌀과 고기 또한 삼국의 사람들과 다를 바 없다. 또 삼국이 음식을 조리하는 데 공통적으로 사용했던 시루는, 지금도 쪄서 먹는 음식을 조리할 때 사용하고 있다.

불을 사용하게 되면서 인간은 난방과 취사를 함께 해결하고 훨씬 안정적인 삶을 시작하게 되었다. 불이라는 것은 도움이 되기도 했지만 언제든지 모든 것을 태울 수 있는 존재였다. 불에 대한 이러한 두려움에서 불에 대한 믿음이 시작되었다. 우리나라에서도 부뚜막을 사용하면서 불을 다루는 부뚜막은 신성한 공간으로서 가족의 안녕과 길흉을 좌우하는 신앙의 공간이 되었다. 삼국시대 주거유적의 부뚜막에서도 신앙과 의례의 흔적을 찾을 수 있다. 이러한 부뚜막에 대한 믿음은 삼국의 마을을 거쳐 조선시대까지도 부뚜막이나 아궁이 근처 그릇을 두는 조왕중발로도 이어졌다. 가족의 건강과 집안의 길흉화복을 잘 보살펴달라는 마음은 시대를 이어져 온 것이었다. 하지만 아궁이가 사라져버린 입식부엌에서는 불에 대한 시설과 관리가 간편해지면서 불에 대한 경외심이 많이 줄어들어 조왕신앙에 대한 믿음도 많이 옅어진 것으로 보인다.

현대사회의 급격한 변화 속에서 우리의 부엌도 진화하고 있다. 가족이 함께 모여 음식을 먹고 소통하는 이 공간이 편리함을 좇아 어떻게 변할지는 알 수 없다. 부엌은 시대가 흐르면서 노동의 효율성과 위생, 사용하기 편리함을 좇아 변화를 추구하여 갈 것이다. 그럼에도 불구하고 부엌은 언제나 가장 가까운 가족, 즉 같이 밥을 먹는 식구들이 함께 하는 집의 소중한 공간으로 남았으면 한다.

국립민속박물관

참고문헌

사료

『舊唐書』

『南史』

『本草綱目』

『三國史記』

『三國遺事』

『三國志』

『隋書』

『新唐書』

『魏書』

『日本書紀』

『周書』

『海東繹史』

『後漢書』

보고서

강원도문화재연구소, 『春川 槿花洞遺蹟: 경춘선 춘천정거장 예정부지내 B구역 유적 발굴조사 보고서 〈II〉 三國時代(新羅/統一新羅)~鐵器時代』, 2011.

경북대학교박물관, 『경주 황성동 유적 III』, 2000.

__________, 『경주 황성동 유적 IV』, 2000.

경상북도문화재연구원, 『高靈 池山洞遺蹟』, 2007.

계명대학교박물관, 『경주 황성동 유적 V』, 2000.

고려대학교고고환경연구소 · 구리시, 『아차산 3보루 1차 발굴조사보고서』, 2007.

고려대학교고고환경연구소 · 서울특별시, 『홍련봉 제1보루 발굴조사종합보고서』, 2007.

공주대학교박물관, 『사적 12호 公山城 성안마을 내 유적 제7차 발굴조사 개략보고서』, 2014.

__________, 『공산성 성안마을 제8차 발굴조사 百濟時代 王宮關聯 遺蹟 V』, 2019.

구의동보고서간행위원회, 『한강유역의 고구려요새: 구의동유적 발굴조사 종합보고서』, 1997.

국립가야문화재연구소, 『김해 봉황동 유적 발굴조사 보고서 I』, 2019.

국립경주박물관, 『경주 황성동 유적 I』, 2000.

__________, 『경주 황성동 유적 II』, 2000.

국립문화재연구소, 『풍납토성 I -현대연합주택 및 1지구 재건축 부지-』, 2001.

__________, 『아차산 4보루 발굴조사보고서』, 2009.

__________, 『풍납토성 XI -풍납동 197번지(舊 미래마을) 시굴 및 발굴조사 보고서1-』, 2009.

__________, 『풍납토성 XIII -풍납동 197번지(舊 미래마을) 발굴조사 보고서2-』, 2012.

__________, 『풍납토성 XV -풍납동 197번지(舊 미래마을) 발굴조사 보고서4-』, 2013.

국립문화재연구소 · 한신대학교박물관, 『풍납토성 VI -경당지구 중층 101호 유구에 대한 보고-』, 2005.

국립부여문화재연구소, 『王宮里 발굴조사보고 XI』, 2018.

기전문화재연구원, 『華城 發安里 마을遺蹟』, 2007.

단국대학교 문과대학 사학과, 『포천 반월산성 1차 발굴조사보고서』, 1996.
동아세아문화재연구원, 『부산 고촌리 생상유적(上) – 본문』, 2010.
동의대학교박물관, 『金海良洞里古墳群 Ⅲ』, 2019.
문화공보부 문화재관리국, 『天馬塚 發掘調査報告書』, 1974.
문화재청·국립부여문화재연구소, 『扶餘 官北里百濟遺蹟 發掘報告 Ⅲ –2001~2007年 調査區域–』, 2009.
백제고도문화재단, 『부여 석목리 143–16번지 유적』, 2019.
부산대학교박물관, 『傳金官加耶宮墟址 – 시굴조사 보고서』, 2006.
서울특별시·서울대학교박물관, 『용마산 제2보루 발굴조사보고서』, 2009.
서울대학교박물관, 『몽촌토성 : 서남지구발굴조사보고』, 1989.
______________, 『구의동 : 토기류에 대한 고찰』, 1993.
______________, 『서울대학교박물관 발굴유물목록』, 1997.
서울대학교박물관·서울대학교 인문학연구소·구리시·구리문화원, 『아차산 시루봉 보루 발굴조사 종합보고서』, 2002.
연천군·서울대학교박물관, 『연천 무등리 1보루 정밀 발굴조사보고서』, 2019.
(재)가경고고학연구소, 『평택 세교동 모산골유적 Ⅰ』, 2019.
________________, 『평택 세교동 모산골유적 Ⅱ』, 2019.
________________, 『평택 세교동 모산골유적 Ⅲ』, 2019.
(재)경남문화재연구원, 『(昌原 外洞宅地開發事業地區內) 昌原外洞遺蹟』, 2005.
________________, 『함안 도시계획시설 지구내)咸安 梧谷里 遺蹟 Ⅰ– 古墳群』, 2007.
________________, 『진주 평거 3택지 개발사업지구(2지구): 진주 평거동 유적 Ⅰ – 삼국시대 취락』, 2010.
________________, 『진주 평거 3택지 개발사업지구(2지구): 진주 평거동 유적 Ⅱ – 경작유적』, 2011.
________________, 『진주 평거 3택지 개발사업지구(2지구): 진주 평거동 유적 Ⅳ – 종합고찰·부록』, 2012.
________________, 『부산·진해경제자유구역(미음지구) 조성부지(E지구) 내: 부산 분절패총』, 2012.
(재)경상문화재연구원, 『부산 낙민동 100번지 유적 – 부산 낙민동 공동주택 신축부지 내 유적 발굴조사』, 2018.
________________, 『서울 올림픽 스포츠 콤플렉스 조성부지 내 유적 조사현황』, 2021.
(재)대동문화재연구원, 『문경 신기동 740유적 - 문경 신기 제2일반산업단지 조성부지내 유적 시·발굴조사보고서』, 2015.
(재)부경문물연구원, 『거창 송정지구 도시개발사업부지 내 居昌 松亭里 遺蹟 Ⅱ(사진)』, 2017.
(재)영남문화재연구원, 『(대구 매동초등학교 신축부지 내) 대구 매호동 1008번지 유적』, 2009.
(재)예맥문화재연구원, 『화천 원천리유적 –화천 원천리 2지구 유물산포지내 발굴조사보고서–』, 2013.
(재)한얼문화유산연구원·SH공사·(주)진흥기업, 『서울 우면동 유적 : 서울 서초 우면2지구 국민임대주택부지 내 유적발굴조사』, 2012.
중원문화재연구원, 『충주 장미산성 –1차 발굴조사 보고서–』, 2006.
충남대학교백제연구소, 『사비도성 –능산리 및 군수리지점 발굴조사 보고서–』, 2003.
한국고고환경연구소, 『익산 광암리·동촌리 유적』, 2018.
한국문물연구원, 『(부산 낙민초등학교 교사 개축공사 부지 내) 동래 낙민동 303번지유적』, 2013.
한국문화재보호재단, 『경산 임당유적Ⅴ: D–Ⅱ지구 고분군』, 1998.
한국문화재재단, 『2013년도 소규모 발굴조사 보고서 Ⅴ–충남 2·충북·전북–』, 2015.
한국토지공사 토지박물관, 『언전 호로고루 Ⅰ –정밀지표조사보고서–』, 1999.

____________________, 『연천 호로고루 Ⅲ –제2차 발굴조사 보고서–』, 2007.

한국토지공사 토지주택박물관·연천군 선사문화관리사업소, 『연천 호로고루 Ⅳ –제3·4차 발굴조사조사보고서–』, 2014.

한성백제박물관, 『몽촌토성 Ⅰ –2013·2014년 몽촌토성 북문지 내측 발굴조사 보고서–』, 2016.

____________, 『몽촌토성 Ⅱ –2014년 몽촌토성 북서벽 舊 목책 설치구간 발굴조사 보고서–』, 2016.

한성백제박물관·한신대학교박물관, 『풍납토성 XII –경당지구 196호 유구에 대한 보고–』, 2011.

도록 · 단행본

국립가야문화재연구소·국립김해박물관·창녕박물관·대가야박물관, 『비사벌』, 2010.

국립경주박물관, 『우물에 빠진 통일신라 동물들』, 2011.

____________, 『天馬, 다시 날다』, 2014.

____________, 『국립경주박물관』, 2015.

국립김해박물관, 『加耶의 美』, 2006.

____________, 『국립김해박물관』, 2008.

____________, 『국립김해박물관』, 2018.

____________, 『고대의 빛깔, 옻칠』, 2019.

국립문화재연구소, 『고고학사전』, 2001.

______________, 『백제 건축유적 분류와 복원연구』, 2014.

______________, 『고구려의 토기』, 2016.

______________, 『고구려의 철기』, 2017.

국립문화재연구소·한성백제박물관, 『북한 미술 연구보고서Ⅲ : 북한 고구려 고분벽화 모사도』, 2018.

국립민속박물관, 『한국민속신앙사전_가정신앙』, 2011.

____________, 『한국의 부엌』, 2019.

국립부여박물관, 『백제목간』, 2008.

국립중앙박물관, 『문자, 그 이후 : 한국고대문자전』, 2011.

____________, 『쇠·철·강 - 철의 문화사』, 2017.

국사편찬위원회 편, 『한국문화사 26 : 쌀은 우리에게 무엇이었나』, 탐구당, 2009.

_______________, 『한국문화사 32 : 한반도의 흙, 도자기로 태어나다』, 탐구당, 2010.

_______________, 『한국사 8 : 삼국의 문화』, 탐구당, 2013.

권주현, 『가야인의 삶과 문화』, 혜안, 2009.

김광언, 『한국의 부엌』, 대원사, 2014.

_____, 『동아시아의 부엌: 민속학이 드러낸 옛 부엌의 자취』, 눌와, 2015.

김동실·박유미, 『한국 고대 음식문화사』, 학연문화사, 2020.

김수민 외, 『신라 천년의 역사와 문화 연구총서 17 : 신라인의 생활과 문화』, 경상북도 문화재연구원, 2016.

김종만, 『백제토기』, 글을읽다, 2012.

남재우 외, 『가야인의 삶, 그리고 흔적』, 선인, 2011.

도연정, 『근대부엌의 탄생과 이면』, 시공문화사, 2020.

동북아역사재단, 『중국 소재 고구려 유적과 유물 Ⅸ : 심양 석대자산성』, 2020.

박순발, 『백제토기 탐구』, 주류성, 2006.

박유미, 『고구려 음식문화사』, 학연문화사, 2017.

복천박물관, 『1,600년 전 복천동 사람들』, 2019.

복천박물관 · 서울대학교박물관, 『고구려 한반도를 품다』, 복천박물관, 2012.

서울대학교박물관, 『고구려 : 한강유역의 고구려 요새』, 2000.

서울역사편찬원, 『서울 2천년사 : 한성백제의 문화와 생활』, 2015.

송기호, 『한국 온돌의 역사』, 서울대학교출판문화원, 2019.

식문화탐구회, 『취사의 고고학』, 서경문화사, 2008.

영남대학교박물관, 『임당발굴 30주년 기념 특별전 : 1982, 임당을 발굴하다』, 2012.

이재운 · 이상균, 『백제의 음식과 주거문화』, 주류성, 2005.

日滿文化協會, 『通溝』卷下 滿洲國通化省輯安縣高句麗壁畫墳, 1940.

전호태, 『고구려 생활문화사 연구』, 서울대학교출판문화원, 2016.

______, 『고구려 고분벽화와 만나다』, 동북아역사재단, 2019.

정혜경, 『옛 그림 속 술의 맛과 멋』, 세창미디어, 2017.

조선유적유물도감편찬위원회, 『북한의 문화재와 문화유적 Ⅰ』, 서울대학교출판부, 2000.

중앙문화재연구원, 『고구려 고고학』, 진인진, 2020.

최무장 · 임연철, 『고구려 벽화고분』, 신서원, 1990.

최종택, 『아차산 보루와 고구려 남진경영』, 서경문화사, 2013.

충청남도역사문화연구원, 『百濟의 文化와 生活』, 2007.

한국생활사박물관 편찬위원회, 『한국생활사박물관 03 : 고구려생활관』, 사계절, 2004.

한성백제박물관 · 서울역사박물관, 『백제의 맛 : 음식이야기』, 2012.

한성백제박물관, 『儉而不陋 華而不侈, 백제의 집』, 2018.

논문

강현숙, 「유적 · 유물로 본 고구려의 식생활」, 『고고자료에서 찾은 고구려인의 삶과 문화』, 고구려연구재단, 2005.

______, 「중국 길림성 집안 동대자유적 재고」, 『한국고고학보』75, 한국고고학회, 2010.

______, 「평북 운산 용호동 고구려 고분군 검토」, 『고고학지』26, 한국사상문화학회, 2020.

고경희, 「고구려 안악3호분의 음식문화」, 『한국식생활문화학회지』31(1), 한국식생활문화학회, 2016.

고영민, 「가야 건물지 구들의 분포와 성격」, 『가야의 주거문화』, 국립김해박물관 · 국립가야문화재연구소, 2020.

공봉석, 「경남 서부지역 삼국시대 수혈건물지의 구들연구」, 『한국고고학보』66, 한국고고학회, 2008.

______, 「신라 · 가야 취락의 분화와 전개」, 『嶺南考古學』73, 영남고고학회, 2015.

______, 「부산의 고대 집과 마을」, 『1,600년 전 복천동 사람들』, 복천박물관, 2019.

______, 「가야의 주거」, 『가야의 주거문화』, 국립김해박물관 · 국립가야문화재연구소, 2020.

권오영, 「제5절 고고자료로 본 지방사회」, 『백제의 정치제도와 군사』, 충청남도역사문화연구원, 2007.

______, 「漢城百濟의 時間的 上限과 下限」, 『百濟硏究』53, 충남대학교 백제연구소, 2011.

권주현, 「통일신라시대의 食文化 연구 - 왕궁의 식문화를 중심으로」, 『한국고대사연구』68, 한국고대사학회, 2012.

김경복, 「고분벽화에 나타난 고구려의 부엌과 식사 풍습」, 『한국사학보』, 고려사학회, 2010.

김삼대자, 「일상생활에서의 불」, 『불의 민속』, 국립민속박물관, 1996.

김상보, 「2. 식생활」, 『백제의 문화와 생활』, 충청남도역사문화연구원, 2007.

김석훈, 「신석기 시대의 화덕자리 연구」, 『선사와 고대』21, 한국고대학회, 2004.
김용민, 「백제 煙家에 대하여」, 『문화재』35, 국립문화재연구소, 2002.
김준봉, 정상규, 「문헌에 의해 분석된 한국 전통 온돌(구들)의 역사와 특성」, 『한국생태환경건축학회논문집』8(6), 한국생태환경건축학회, 2008.
나영왕, 「식물종자 분석 의뢰결과」, 『부산 고촌리 생산유적(下) – 부록 · 별지도면』, 동아세아문화재연구원, 2010.
노미선, 「호남지역 삼국시대의 고고학 자료를 통해 본 부뚜막신앙」, 『건지인문학』21, 전북대학교 인문학연구소, 2018.
문동석, 「漢城百濟의 茶文化와 茶碾」, 『百濟研究』56, 충남대학교 백제연구소, 2012.
박경신, 「고구려의 취난시설(炊煖施設) 및 자비용기(煮沸容器)에 대한 일연구」, 『숭실사학』19, 숭실대학교사학회, 2006.
______, 「원삼국시대 중도유형 취락의 편년과 전개」, 숭실대학교대학원 박사학위논문, 2018.
박경신 외, 「취사형태의 고고학적 연구」, 『한국고고학전국대회 발표문』30, 한국고고학회, 2006.
박경희, 「고구려 고분벽화에 나타난 토기의 심미의식에 관한 연구」, 『동양예술』11, 한국동양예술학회, 2006.
박대재, 「삼한의 납일신앙과 부뚜막신앙」, 『한국사학보』37, 고려사학회, 2009.
박수미, 「경기지역 신라 말~통일신라시대 수혈주거지 연구」, 한양대학교 대학원 문화인류학과 석사학위논문, 2015.
박유미, 「고구려 음식의 추이와 식재료 연구」, 『한국학논총』38, 국민대학교 출판부, 2012.
______, 「맥적(貊炙)의 요리법과 연원」, 『선사와 고대』38, 한국고대학회 2013.
______, 「고구려 육류음식문화의 실제와 양상」, 『고조선단군학』33(33), 고조선단군학회, 2015.
사공정길, 「고구려 식생활 연구」, 고려대학교대학원 고고미술사학과 석사학위논문, 2013.
________, 「고구려의 취사용기와 취사방식」, 『고구려발해연구』49, 고구려발해학회, 2014.
서현주, 「三國時代 아궁이틀에 대한 考察」, 『國考古學報』50, 한국고고학회, 2003.
______, 「백제 사비기 부여 · 익산지역의 자비용기에 대한 고찰」, 『백제학보』15, 백제학회, 2015.
성정용, 「百濟와 中國의 貿易陶磁」, 『百濟研究』38, 충남대학교 백제연구소, 2003.
신상효, 「한국 서남부지역 청동기시대 취락연구」, 전남대학교 박사학위논문, 2007.
양시은, 「환인 오녀산성 출토 고구려 토기의 양상과 성격」, 『북방사논총』3, 고구려연구재단, 2005.
______, 「오녀산성의 성격과 활용 연대 연구」, 『한국고고학보』115, 한국고고학회, 2020.
오승환, 「백제 사람들의 밥 짓기와 음식조리」, 『백제의 맛』, 한성백제박물관, 2012.
______, 「구들의 기원과 한반도 확산과정 연구」, 고려대학교대학원 문화재학협동과정 박사학위논문, 2018.
______, 「三國時代 匙箸의 普及과 食事方式」, 『야외고고학』34, 한국문화재조사연구기관협회, 2019.
오영찬, 「낙랑과 고구려의 상형토기-부뚜막 명기를 중심으로」, 『단호문화연구』12, 용인대학교 전통문화연구소, 2008.
윤복자, 「한국 부엌의 변천-구석기시대부터 고려시대까지」, 『한국주거학회지』5(2), 한국주거학회, 1994.
이상균, 「한반도 신석기시대 주거의 변천과 구조적 양상」, 『고문화』61, 한국대학박물관협회, 2003.
이상엽, 「백제 한성기 부뚜막 명기 연구」, 서울시립대학교대학원 석사학위논문, 2021.
이성주, 「삼국시대 주거와 취락 연구의 일 방향」, 『가야의 주거문화』, 국립김해박물관 · 국립가야문화재연구소, 2020.
이재현, 「고고자료로 본 북한강 유역의 신라 취락 연구」, 강원대학교대학원 석사학위논문, 2019.
이지은, 「토제연통」, 『마한 · 백제토기 연구 성과와 과제』, 학연문화사, 2017.
이형주, 「한국 고대 부뚜막 시설 연구」, 충남대학교대학원 석사학위논문, 2000.
이희경, 「원삼국시대 중부지방 작물조성의 특징과 그 형성 요인」, 『韓國考古學報』75, 한국고고학회, 2010.
장용석, 「삼국시대 취락과 가옥 - 가야 외 지역을 중심으로」에 대한 토론문」, 『가야의 주거문화』, 국립김해박물관 · 국립가야문화재연구소, 2020.

전동현, 「漢城百濟期炊事容器의 形成과 變遷」, 숭실대학교대학원 석사학위논문, 2011.

전호태, 「고구려 생활문화사 연구론」, 『역사와 현실』83, 한국역사연구회, 2012.

______, 「고구려의 음식문화」, 『역사와 현실』89, 한국역사연구회, 2013.

______, 「고구려의 건축과 주거문화」, 『백산학보』97, 백산학회, 2013.

정세진, 「문헌과 유물로 재구성한 중국의 시대별 부엌의 모습: '불'과 '솥'의 변화를 중심으로」, 『동아시아식생활학회지』27(6), 동아시아식생활학회, 2017.

정수옥, 「백제한성기 취사용기에 대한 검토:심발형토기와 장란형토기를 중심으로」, 『문화재』44-4, 국립문화재연구소, 2011.

______, 「백제 식기(食器)의 양상과 식사문화」, 『중앙고고연구』17, 중앙문화재연구원, 2015.

정의도, 「青銅숟가락의 登場과 擴散 - 三國時代~統一新羅時代 -」, 『石堂論叢』42, 동아대학교 석당학술원, 2008.

______, 「통일신라시대 식도구 연구 - 숟가락과 의례」, 『石堂論叢』73, 동아대학교 석당학술원, 2019.

정종태, 「삼국~고려시대 솥(釜)의 전개양상」, 『금강고고』2, 충청문화재연구원, 2005.

조성원, 「4~5世紀 慶南地域 취락 출토 영남토기의 지역성 검토」, 『고고광장』19, 부산고고학회, 2016.

조혜영, 「한국 부엌 디자인의 역사」, 국민대학교대학원 박사학위논문, 2013.

주남철, 「온돌과 부뚜막의 고찰」, 『문화재』20, 국립문화재연구소, 1987.

주영하, 「벽화를 통해서본 고구려의 음식풍속」, 『고구려발해연구』17, 고구려발해학회, 2004.

차순철, 「삼국시대 취락과 가옥 - 가야 외 지역을 중심으로」, 『가야의 주거문화』, 국립김해박물관 · 국립가야문화재연구소, 2020.

최지연, 「한국사찰의 신중신앙과 민간신앙」, 고려대학교대학원 석사학위논문, 2010.

한지선, 「백제의 취사시설과 취사방법-한성기를 중심으로-」, 『백제학보』2, 백제학회, 2009.

______, 「漢城百濟期 聚落과 土器遺物群의 變遷樣相:서울 · 경기권 편년수립을 위하여」, 『중앙고고연구』12, 중앙문화재연구원, 2013.

함한희, 「부엌의 현대화과정에서 나타나는 문화적 선택들」, 『정신문화연구』25(1), 한국학중앙연구원, 2002.

홍보식, 「삼한·삼국시대의 조리시스템」, 『선사·고대의 요리』, 복천박물관, 2005.

______, 「도시와 취락」, 『통일신라 고고학개론』, 진인진, 2019.

기타

문화재청, 2021.06.10. "함안 아라가야 추정 왕궁지에서 취사전용 건물지 발견 - 국립가야문화재연구소, 6.10.(목) 오후 2시 온라인 설명회".

서울신문, 2014.07.11. "[농촌진흥청과 함께하는 식품보감] 참외, 통일신라 때부터 재배 일반화… 멜론은 아프리카에서 전파".

연합뉴스, 2021.6.10. "아라가야 왕궁터서 아궁이 · 굴뚝 갖춘 취사건물 흔적 나와".

국립중앙박물관 홈페이지, "큐레이터 추천 소장품 - 부뚜막(윤태영)".

국사편찬위원회 '한국사데이터베이스'

고고학사전

한민족대백과사전

논고

우리 부엌과 세간의 변화

오승환 가디언문화유산연구원 원장

목차

1. 부엌문을 열며

문헌자료가 부족한 우리나라 고대古代의 음식문화飮食文化를 밝히기 위해 고고학에서는 부뚜막과 조리용 토기를 대상으로 연구가 이루어졌다(식문화탐구회 2009 ; 오승환 2009 ; 2012 ; 음식고고연구회 2011 ; 정수옥 2011 ; 정수옥 · 長友朋子 2009 ; 한지선 2007 ; 2009). 부뚜막과 그 주변에는 밥을 짓고 음식을 조리하던 도구며 시설이 잘 남아 있는데 이 공간이 바로 오늘날의 부엌에 해당한다. 고대는 물론이고 근대 이전의 주거지에서 부엌공간은 다른 장소에 비해 많은 물질자료와 정보가 남아 있다. 그래서 부엌은 당대의 생활사와 음식문화를 밝히는 데 무척 중요한 장소이다.

하지만 선사와 고대의 부엌은 그 위치나 범위가 불분명하다 보니 이를 공간적으로 한정 짓기 어려운 점이 있다. 그러므로 지속적이고 반복적으로 불을 피우던 장소를 중심으로 부엌의 흔적을 찾게 된다. 물론 옛사람이 불을 피웠던 자리라 하더라도 그곳을 모두 부엌으로 판단할 수는 없다. 부엌으로 인정되려면 이에 걸맞은 요건을 갖추어야 하기 때문이다. 그렇다면 부엌으로 인정될 수 있는 기본요건은 무엇이며 부엌의 시작은 언제부터일까?

인류가 불을 사용한 가장 오래된 흔적은 지금부터 142만년 전 아프리카 케냐의 체소완자Chesowanja, Kenya유적에서 찾을 수 있다. 여기에는 불에 탄 진흙과 함께 올도완Oldowan 석기, 동물뼈가 발견되었으니 불이 사용된 것은 분명하다. 하지만 이때부터 바로 인류가 불을 피우고 사용했던 것은 아니다. 인류가 불을 이용해서 음식물을 익혀서 먹기 시작한 것은 이보다 한참 뒤인 약 40~30만년 전의 호모 에렉투스Homo Erectus부터이다(이한용 2020: 82 ; 장동선 2021: 136 ; 전곡선사박물관 2015: 34). 우리나라에서도 대전 용호리나 공주 석장리 등 한데유적에 구석기시대 사람들이 불을 피운 흔적이 남아 있다. 평양 금옥리 검산동굴에서는 불 피운 자리에 석기와 불에 탄 동물의 뼛조각이 출토되어 사냥한 동물을 불에 익혀 먹었음을 알 수 있다(http://www.tongilnews.com/news/articleView.html?idxno=102819).

하지만 이렇게 사냥한 동물을 불에 익혀 먹은 장소라 하더라도 이곳을 부엌이라 하지 않는다. 구석기시대뿐 아니라 지금도 캠핑가서 불을 피우고 바베큐를 굽거나 라면을 끓여 먹은 곳까지 모두 부엌이라 하지 않듯이 말이다. 여기에서도 마찬가지로 '부엌'을 구성하는 기본요건이 갖추어져 있지 않기 때문이다.[1] 부엌을 구성하는 여러 요소 가운데 가장 중요한 기준은 '음식을 조리하기 위한 시설을 갖추고 있는지'의 여부이다.

이 기준으로 보자면, 부엌의 시작은 처음으로 움집을 짓고 한곳에 정착생활을 하던 신석기시대부터 찾아야 할 것이다. 신석기시대에는 집 안팎으로 불을 피우던 화덕자리며, 음식을 조리하던 토기가 출토되므로 부엌을 이루는 요소를 충분히 갖추고 있기 때문이다. 그렇다면 우리나라의 부엌은 거의 1만년 가까운 긴 역사를 가지게 된다. 이렇게 부엌의 역사가 오래이다 보니 그 안에는 무수한 변화가 있었다. 이러한 변화를 크고 너른 눈으로 보면 대략 아래와 같이 4번의 시기로 나뉘어진다.

1기는 신석기~초기철기시대의 선사시대로 야외 부엌에서 음식을 조리해 먹던 시기이다.

2기는 원삼국~통일신라시대의 고대로 조리 전용의 부뚜막을 사용하던 시기이다.

3기는 고려~조선시대의 중근대로 구들에 의해 부엌과 방이 분리되어 사용된 시기이다.

4기는 일제강점기~현재의 현대로 서구식 주방구조의 부엌을 사용하는 시기이다.

우리 부엌과 세간이 그동안 거쳐 온 이 4번의 변화에는 어떠한 내용과 특징이 담겨 있는지 살펴보도록 하겠다.

1 사전적 의미는 '일정한 시설을 갖추어 놓고 음식을 만들고 설거지를 하는 등 식사에 관련된 일을 하는 곳'이다(https://ko.dict.naver.com/#/entry/koko/ebf2aec06ed94f749f0dee05e4a51591).

2. 선사시대 부엌

우리나라 부엌의 시작은 신석기시대의 움집에서 찾을 수 있다. 신석기시대 사람들은 한 곳에 터를 잡아 움집을 짓고 마을을 이루며 정착 생활을 하였다. 움집 가운데에는 고정적으로 불을 피울 수 있는 자리(화덕, 爐)도 만들었다. 하지만 신석기시대 움집의 화덕은 음식을 조리하기 위한 것만은 아니었다. 불을 피워 겨울에는 추위를 녹이고 여름이면 연기로 모기며 벌레도 쫓아야 했다. 밤이면 어둠을 밝히고, 비가 오면 밖에서 젖은 몸과 습기로 눅눅해진 집안 세간을 말리는 등 여러모로 쓰였다(오승환 2009 ; 104). 오히려 집 안에서 화덕에 음식을 조리하는 일은 드물었다.

신석기시대 사람들은 공동체 생활을 하며 움집 밖에 공동 조리시설을 두었는데, 이것이 부엌의 시작이다. 야외 부엌은 비바람을 막고 조리를 할 수 있도록 울타리처럼 두르거나 간단하게나마 기둥을 세우고 천정을 올리기도 하였다. 하지만 야외 부엌은 움을 파지 않고 바닥을 그대로 이용하다 보니 지금까지 흔적이 그대로 남아 있는 것은 거의 없다.[2] 야외 부엌에는 여러 개의 화덕을 두고 빗살무늬토기에 음식을 조리하였다. 이밖에도 조리를 하기 위해 걷어온 곡식이며 뜯어온 나물과 나무 열매를 그릇에 담아 보관하였다. 야생동물을 사냥하거나 조개와 물고기를 잡아 오면 상하기 전에 굽거나 삶아 먹었다. 조리된 음식은 모두가 부엌 주변에 모여서 나누어 먹었다.

신석기시대 사람들은 야외 부엌과 함께 돌무지 화덕도 만들어서 함께 음식을 조리해 먹었다. 돌무지 화덕은 구덩이를 파서 돌을 채우고 여기에 불을 피워 뜨겁게 달궈진 돌 위로 음식물을 올려 먹는 조리법이다. 돌무지 화덕은 서해안지역의 영종도만 해도 중산동, 운북동, 운서동, 용유도, 삼목도, 송산유적 등 유적마다 백 여기 안팎으로 많이 발견되고 있다. 이를 보더라도 신석기시대 사람들은 돌무지 화덕에서 자주 음식을 조리해 먹은 것을 알 수 있다. 돌무지 화덕은 야외 부엌과 달리 움을 파서 만들다 보니 지금껏 잘 남아 있다.

신석기시대의 움집 안에는 온통 불에 타기 쉬운 재료들로 이루어져 있어 매번 음식을 조리할 때마다 불을 피운다는 것은 위험한 일이었다. 그래서 화덕에는 불씨를 재로 덮어 보관하였다. 집에서는 불길이 오르거나 불티가 날리지 않게 밖에서 조리하고 남은 숯을 가져오기도 했다. 집안에서 음식을 조리하는 일은 야외 부엌을 이용하기 어렵거나 특별한 때가 아니면 흔하지 않았다.

신석기시대에는 화덕에서 음식을 조리하려면 밑이 뾰족한 빗살무늬토기를 돌로 받치거나 바닥을 파서 고정시킨 다음 사용하였다. 하지만 청동기시대에는 바닥이 편평한 깊은 바리 모양 토기深鉢形土器를 사용하므로 화덕에 바로 세워 놓고 사용할 수 있었다. 문양이 없고 바닥이 편평한 민무늬토기는 바닥이 뾰족하고 무늬를 새긴 빗살무늬토기보다 훨씬 빠르고 쉽게 만들 수 있어 다량 생산이 가능하였다. 그러면서 토기의 종류도 용도에 따라 크기나 모양이 다양해지고 숫자도 늘어났다. 이제 음식을 조리하는 데 그 재료에 따라 토기를 선택해서 사용할 수 있게 되었다. 토기를 이용하여 조리할 수 있는 음식이 늘어나면서 돌무지 화덕은 점차 사라지게 되었다.

청동기시대가 되면 점차 집 밖의 야외 부엌보다 집 안의 화덕에서 음식을 조리하기 시작하였다. 그래서 청동기시대와 초기철기시대의 집에는 화덕에 토기가 놓여 있거나 음식을 조리하던 흔적이 종종 발견되곤 한다. 이로 보아 점차 청동기시대에는 집 안에서 음식조리가 이루어졌다는 것을 알 수 있다. 하지만 일상적으로 모든 음식의 조리가 집 안에서만 이루어진 것은 아니었다. 여전히 마을 공동체가 모두 모여 음식을 해 먹거나, 공동으로 사냥한 동물을 야외에서 함께 구워 먹기도 하였다.

초기철기시대에는 집안에서 화덕 위치가 방 중앙에서 벽체 쪽으로 옮겨지는 사례도 일부 보이

2
선사시대의 공동 조리시설이 잘 남아있지 않은 것은 당시의 생활면에 설치되었기 때문이다. 그러나 선사시대 마을의 생활면이 고스란히 남아 있는 사례는 많지 않다. 대신 선사시대 마을에서 주거지 외부의 공지空地에서 불 먹은 흔적이나 화덕爐을 보고한 사례들이 꽤 있으므로 이를 면밀히 분석한다면 향후 야외 부엌이 상당수 밝혀질 것이다.

기 시작한다. 화덕의 위치가 바뀐다는 것은 그 역할이 달라지고 있음을 의미한다. 화덕이 벽 쪽에 붙어 있으면 불빛이나 온열이 집안 곳곳으로 퍼지기 어렵지만, 연기를 밖으로 빼기에는 더 유리하다. 그러나 아직 배연구조까지 발견되지 않는 것으로 보아 부뚜막으로 전환되기 이전의 과도기적인 모습으로 볼 수 있다.

선사시대의 화덕은 집안에서 중심 공간을 차지하며 모든 공간과 연결되므로 집중과 확장이 유리하다. 그래서 수면이나 작업과 같은 일상 활동은 물론이고 드물게 조리나 식사까지 이곳을 중심으로 이루어진다. 즉 모든 실내 활동이 이곳을 중심으로 공유되는 것이다. 이처럼 동일 공간이 쓰임새에 따라 공동으로 점유되므로 '중층성'을 가지지만 이것이 동시성까지 포함하는 것은 아니어서 시차별 공간 활용이 이루어지게 된다.[3] 이러한 공간적 특성에서 선사시대의 보조 부엌은 '열린 공유공간' 구조라 할 수 있다. 다만 '열린 공유공간'은 장소성이나 공간 호환성은 높은 반면, 공간적 범위를 특정하기 어렵다는 문제도 있다.

선사시대 야외 및 보조 부엌에서 조리의 주체는 분명하지 않으나 여성이었을 것으로 추정된다. 물론 여기에는 가족 구성원의 참여도 가능하였을 것이다. 선사시대의 부엌에서는 아직 화덕을 비롯한 조리시설에 대한 의례 행위나 금기 등은 분명하게 밝혀지지 않았다.

부엌세간에 대해 살펴보면, 음식 재료와 함께 가장 많이 쓰이는 것이 바로 물이다. 조리를 위해 필요한 물은 근처의 강 또는 가까운 곳에 흐르는 물이 모이도록 만든 집수시설에서 떠왔다. 물을 저장하는 용기는 통나무의 속을 파서 물독으로 이용하다 점차 토기로 바뀌었다. 물을 뜨는 데는 박을 잘라 만든 바가지를 사용하였다.

신석기시대에는 조리용기와 저장용기가 처음부터 분화되지는 않았으나, 점차 저장용도에 따라 대형화하거나 어깨와 목이 생기는 등의 형태 변화가 이루어졌다. 청동기~초기 철기시대에는 조리용기로 깊은 바리를 사용하고 저장용기는 항아리壺와 독甕으로 형태와 용도가 구분되었다. 청동기시대가 되면 저장용기가 많이 늘어나게 되어 조리용기보다 훨씬 많아지게 된다. 이는 농경이 활발해지면서 늘어난 수확물의 저장과 관련이 있다. 저장용기는 불에 닿지 않으므로 토기뿐 아니라 편직물이나 통나무로도 만들었다. 집 안팎에도 움을 파서 곡식이나 음식 재료를 저장하였다.

음식을 조리할 땔감으로 초본류, 나뭇가지 등을 사용하였다. 조리도구로는 나무나 뼈로 만든 휘젓개와 주걱 등이 쓰였다. 선사시대의 음식은 오늘날의 밥이나 반찬과 같은 구분이 없어 여러 재료를 섞어 만들었다. 보통 곡물이랑 야채, 버섯, 견과류, 어패류, 육류 등 당장 구할 수 있는 것을 토기에 함께 넣고서 끓여 먹었다. 이밖에 고기와 생선은 불에 굽거나 간접 열로 익혀서도 먹었다. 나무열매, 뿌리식물, 푸성귀는 날것으로 먹거나 토기에 익혀 먹었다.

식사는 부엌이나 주위에 모여앉아 함께 나누어 먹었지만 날씨가 좋지 않을 때는 움집으로 가져가서 가족끼리 나누어 먹었다. 아직 개인용 식사도구나 음식그릇은 쓰이지 않아 조리된 음식은 나무 주걱으로 바닥에 깔아놓은 넓은 나뭇잎이나 나무판 위에 퍼낸 다음 식혀가며 손으로 집어 먹었다. 국물음식은 드물었는데 간혹 끓이게 되면 조가비로 떠서 마시거나 식은 다음 그릇을 들어 입에 대고 마셨다.

음식을 조리한 그릇은 물가로 가져가서 마른 풀잎을 돌돌 말아서 만든 수세미로 씻은 다음 말렸다. 다음 조리를 위해 야외 부엌이나 집 안에서 사람의 이동 동선이 적은 벽 가에 세워 두거나 살강 위에 올려 보관하였다.

3
선사시대 부엌의 구조적 특징을 야외 부엌에서 찾아야 하지만 명확한 사례가 남아있지 않으므로 보조부엌을 대상으로 검토하였다.

3. 고대 부엌

선사시대에 이은 고대 부엌은 원삼국시대부터 고려 건국 이전의 통일신라시대(A.D.1~917)까지 천년 가까운 시간을 하나의 틀로 살펴볼 수 있다.

고대 부엌의 주요한 변화는 (구들을 포함한)부뚜막의 사용을 들 수 있다. 부뚜막은 '전용 조리시설'이란 점에서 음식의 조리뿐 아니라 다양한 용도로 쓰이던 이전의 화덕과 큰 차이가 있다. 특히 움집의 화덕이 조리뿐 아니라 다양한 용도로 된다는 점에서 전용시설로 보기 어렵다. 반면 부뚜막은 반복적이고 지속적으로 음식을 조리하기 위한 시설로 사용된다는 점에서 '전용 조리시설'이라 할 수 있다. 따라서 집 안에 부뚜막이 설치된 곳이 바로 부엌 공간이다(오승환 2009: 104~5).

전용 조리시설인 부뚜막이 집안에 설치되면서 선사시대에 야외 부엌 등에서 함께 음식을 먹던 방식은 사라지고 이제 가구별로 음식을 조리하고 식사하는 방식으로 바뀌게 된다. 이처럼 집 안에서만 음식을 조리할 수 있게 된 배경은 폐쇄공간인 아궁이 덕분에 화재로부터 안전해졌기 때문이다(오승환 2018: 22). 부뚜막이 벽이나 집의 모서리 부분에 설치되므로 실내 동선과도 잘 겹치지 않고 공간 활용에도 유리해졌다. 부뚜막은 화덕과 달리 불길이 외부로 노출되지 않으며, 연기도 모두 외부로 배출하는 장점을 가졌다. 또한 부뚜막 솥걸이에는 취사용기를 걸어 밥을 짓고, 남은 불씨로는 아궁이에서 음식을 조리할 수도 있어 만능 조리시설이었다(오승환 2012: 146). 이제 집안에서 음식을 조리해도 안전하고 실내도 쾌적해서 밖으로 나가 식사하지 않아도 되었다. 다만 여름에는 부뚜막에 불을 피우면 집안이 더워지므로 한데부뚜막에서 밥을 짓고 음식도 조리하였다.

그러나 고대의 부엌 역시 부뚜막이 설치된 벽을 제외한 앞면과 양옆이 모두 개방되므로 명확한 범위를 판단하기 어렵다. 움집의 구조나 형태는 물론이고 설치 위치, 부뚜막의 길이와 형태, 주변 시설과의 배치 등의 공간구성이 일률적이지 않기 때문이다. 여기에 지역과 시대에 따라서도 일정하지 않으므로 이를 기계적으로 나누기 어렵다. 이러한 점에서 고대의 부엌은 선사시대와 마찬가지로 '열린 공유 공간'구조로 볼 수 있다. 물론 선사시대처럼 집의 중앙에 놓이는 것은 아니지만 부뚜막을 중심으로 수면과 작업 등의 일상생활이 중층적으로 이어지기 때문이다. 이처럼 고대의 부엌은 집 안 모든 활동이 공유되고 연결되어지는 중심공간으로서 그 장소성은 여전하였다.

고대의 부엌에서 조리의 주체는 대체로 성인 여성이 중심이었다. 이들은 부뚜막 신앙인 조왕신을 믿어 부뚜막이나 그 주위에 이를 상징하는 물건이나 그릇과 같은 의례도구를 두고 기원하였다. 그래서 부뚜막을 만들거나 수선하는 것은 물론이고 폐기할 때조차 의례행위를 하였다.

부엌세간으로, 평소 마시거나 조리를 위해 필요한 물은 강에서 떠오거나, 드물게 마을 안에 우물을 파서 길어오기도 하였다. 여전히 근처에 물을 모으는 집수시설을 만들어 사용하기도 하였다. 이제 물독은 토기로 만든 커다란 항아리나 독으로 바뀌었다.

고대의 부엌에는 조리용기로 시루, 몸체가 긴 독長胴甕[4], 깊은 바리 등이 쓰였다. 저장용기로는 크기와 형태가 다양한 항아리와 독이 사용되었는데 토기 가운데 가장 큰 비중을 차지하였다. 집 안에는 움을 파지 않고 커다란 항아리를 두고서 물이나 곡식을 저장하였다. 그리고 농사 지은 곡식이나 오래 보관할 음식이며 재료는 밖에 커다란 구덩이를 파서 저장하였다.

음식의 조리는 부뚜막의 솥걸이에 몸체가 긴 항아리를 끼워 넣고 그 위에 시루를 얹어 밥을 지었다. 밥을 지으면서 생긴 잉걸불에는 깊은 바리를 올려 반찬이나 국물음식을 조리하였다. 음식을 조리할 때 국자와 주걱이 사용되었다.

식사는 부뚜막 가까이에 모두가 모여 앉아 먹었으며 개인용 식사도구인 숟가락과 젓가락, 음식

4
고구려와 통일 신라에서는 철솥도 사용되었다.

그릇도 사용하기 시작하였다. 그러나 움집에 살던 사람들은 여전히 개인용 음식 그릇이나 숟가락과 젓가락 대신 손으로 음식을 먹기도 하였다.

음식은 농사 지은 곡식으로 지은 밥과 함께 반찬으로 밭에서 캐온 채소며 들에서 뜯어온 나물, 강에서 잡아 온 물고기와 조개 등으로 조리한 음식과 절임음식 등을 먹었다. 돼지, 닭, 소도 우리에서 길렀지만 아직은 흔하지 않았다. 이보다는 멧돼지, 사슴, 노루, 꿩과 같은 야생 동물이랑 날짐승도 사냥해서 잡아먹었다.

설거지는 물가에 가거나 개수통에 담가서 씻어 말리고 나면 부뚜막 주변이나 살강 위에 올려 두었다.

4. 중근대 부엌

중 · 근대의 부엌은 고려~조선시대(918~1910)에 해당한다. 이 시기에도 부엌과 세간의 변화가 커 하나로 담아내기에 어려움은 있지만 주요한 특징을 하나로 묶어 볼 수 있다. 이 시기 부엌의 주요한 특징은 방에서 부엌이 분리되어 독립공간을 이루게 되었다는 점이다. 고려~조선시대 사람들은 대부분 지상건물에 거주하였다. 지상건물은 구조상 칸으로 공간을 구분할 수 있으므로 부엌과 방을 분리하는 데 용이하다.

다만 고려시대와 조선시대의 부엌에서도 약간의 차이는 보인다. 고려시대에는 제주도 부엌에서 보듯 구들없이 부뚜막만 놓이는 경우가 많았다. 그리고 일부에서는 '정주간'처럼 부엌과 방이 한 공간을 이루면서 단차로 구분되는 구조도 나타난다. 이러한 특징은 열린 공간인 고대와 닫힌 공간인 조선시대 부엌의 과도기적 양상이라 할 수 있다. 이후 조선시대가 되면 방바닥 전체에 고래를 두는 바닥 난방의 구들이 보급되면서 방과 부엌은 벽에 의해 완전히 분리된다(오승환 2018: 26~7). 이때부터 구들의 부뚜막은 부엌에, 고래는 방에 놓이는 구분이 나타나게 된 것이다.[5] 이처럼 고려와 조선시대 부엌의 차이는 구들의 발전에 따른 구분일 뿐 방과 부엌이 분리된다는 점에서는 서로 다르지 않다.

이제 부엌은 문만 닫으면 외부와 차단되는 독립된 공간으로 '닫힌 분리공간' 구조를 보이게 된다. 집에서도 부엌은 가장자리나 가운데 칸에 자리하여, 부뚜막을 방과 이어지는 벽에 설치하게 된다. 이는 부뚜막에서 피운 불의 열기가 방바닥에 설치된 고래를 지나가며 난방하기 때문이다.

부엌과 방이 분리되면서 부엌은 음식을 조리하고 밥상을 차릴 뿐 식사는 방에서 이루어졌다. 양반은 개인상을 받았지만 양민이나 하층민은 한 상에 모여 식사하였다. 부엌과 방은 분리되었지만 구들에 의해 서로 연결되므로 여름에 불을 지피면 방이 데워져서 어쩔 수 없이 한데 부뚜막을 따로 두었다.

부엌이 독립공간으로 분리가 되면서 이제 이곳은 성인 여성 위주로 운영되었다. 집안의 여러 가신 중에서 조왕신을 중요한 신으로 여겨 매일 조왕중발竈王中鉢에 물을 갈아 올리며 기원하였다. 조왕신앙은 지역에 따라 저마다의 모습으로 다양하게 이루어졌다.

부엌 세간을 보면, 마을이나 집안에도 우물이 놓이다 보니 이전보다 음식조리며 가정생활에 물을 쓰는 일이 더 많아졌다. 그리고 밥 짓는 쌀이며 음식 재료를 씻고 조리하고 설거지조차 우물에 가서 하다 보니 부엌 한 켠에 놓이던 커다란 물독은 점차 크기가 줄어들었다.

부뚜막에 여러 개의 아궁이를 두면서 솥도 여러 개씩 쓰게 되었다. 이제 여러 개의 솥을 사용할

5 중근대 부엌의 특징에 대해서는 주로 조선시대에 초점을 맞추어 서술하였다

수 있게 되면서 밥을 짓거나 국을 끓이고 반찬을 조리하는 등의 용도로 구분이 되었다. 시루는 떡, 송편, 생선 등을 찔 때나 쓰는 존재로 밀려났다. 가끔 잔치나 명절에는 무쇠 그릇燔鐵에 기름을 두르고 전을 부치곤 했지만 냄비는 18세기 이후에나 등장하였다.

부뚜막과 그 주위에는 여러 종류의 질그릇을 두었다. 여기에는 각종 양념과 소금, 기름, 향신료, 식초 등을 담아 부뚜막에서 음식을 조리할 때 사용하였다. 부엌 한 켠에는 찬장과 살강을 만들어 부엌 세간을 넣거나 올려 두었다. 부엌 뒤편에는 장독대를 만들어 오래 두고 먹을 장아찌며, 간장과 된장이 담긴 커다란 항아리를 두었다. 봉당이나 광에는 커다란 질항아리와 뒤주를 두고 곡식을 저장하였다. 여기에서 끼니로 쓸 곡식을 꺼내어 절구로 찧고 밥을 지었다.

무쇠 솥에 밥이며 음식을 조리하다 보니 자연스레 국자와 주걱도 길어졌다. 솥에 눌러 붙은 누룽지를 걷으려 물을 부어 끓이던 숭늉은 일상적인 음료로 정착하게 되었다. 밥과 함께 국이 꼭 밥상에 꼭 올라가기 시작하였는데, 이는 숟가락을 사용하면서 나타나는 특징이다. 식사에 숟가락과 젓가락을 사용하였으며 개인용 음식기는 목기나 유기에서 점차 자기로 바뀌어 갔다.

음식은 쌀이나 잡곡밥을 밭에서 뜯어온 푸성귀며 나물 절임, 강과 바다에서 잡은 어패류를 조리한 반찬과 함께 먹었다. 가축도 길렀지만, 고려시대에는 불교의 영향으로 육류의 단백질 섭취가 적었다. 조선시대에는 개와 닭이 주요한 단백질 공급원이었다. 소나 돼지는 명절, 결혼, 장례처럼 중요한 행사 때나 먹었지만, 평소에는 우금정책牛禁政策으로 소는 쉽게 잡지 못했고 돼지는 많이 기르질 않았다. 식사를 마치면 우물가에 가거나 부엌 개수대에서 길어온 물로 설거지를 하였다. 밥상은 벽에 기대어 세워두고 음식기는 찬장이나 살강 위에 올려 보관하였다.

5. 현대 부엌

현대의 부엌은 일제강점기부터 현재(1910~2021년)까지 100년이 조금 넘는 시간이지만 변화의 내용과 폭은 가장 큰 편이다.[6]

현대의 주택에서도 아파트는 한 공간 안에 다시 방이며 부엌, 거실, 화장실 등으로 공간 분할이 이루어진다. 마치 선사시대의 움집처럼 하나의 공간을 다시 여러 용도로 구분하여 쓰고 있는 것이다. 여기에서 집의 중심공간은 대개 거실과 부엌이 차지한다. 부엌에는 입식구조의 의자와 식탁이 놓이며 여기에서 식사와 회의, 생일 행사 등도 이루어진다. 반면, 거실은 한 방향으로 소파가 놓이는 휴식 공간이 된다. 부엌은 집안 어디로도 연결되는 유리한 접근성을 가지지만 방과 벽으로 일부가 막힌다는 점에서 '열린 분리공간' 구조가 된다.

집의 중간에서도 대개 거실은 전면, 부엌은 후면 쪽으로 공간이 구성된다. 가스 배관이며 조리 과정에서 생기는 냄새와 연기를 창문이나 후드Hood로 배출해야 하기 때문이다. 조리와 난방이 분리돼서 조리는 가스 레인지Gas range, 전자 레인지Microwave oven, 인덕션 전기 레인지Induction range로 난방은 연탄을 거쳐 석유와 가스 보일러Boiler가 담당한다. 이는 중근대의 특징처럼 부엌에 조리시설, 방에 온수 파이프(고래)가 놓인다는 점에서 동일하다.

현대 부엌은 조리뿐 아니라 식사까지 모두 이루어지는 공간으로 되돌아왔다. 가부장적 서열이 사라지면서 방으로 음식을 차려 나르는 대신 가족 구성원 모두가 식탁에 나와서 식사하는 방식으로 바뀌었다. 일제강점기와 한국전쟁을 거치며 개인상 문화가 한 상에 모여 함께 식사하는 방식으로 바뀌었기에 식탁에서의 공동식사에 거부감은 적었다.

6
다양한 주거구조가 공존하고 그 특징마다 편차도 커서 현재 가장 많은 사람들이 거주하는 아파트를 중심으로 살펴보았다.

핵가족화가 빠르게 진행되면서 가족 구성원은 줄고 1인 가족이 많아지면서 부엌은 조리시설보다 냉장고와 전자레인지로 중심이 옮겨갔다. 냉장고의 영향력은 지대해서 이젠 물을 한 잔 마시려 해도 부엌을 찾게 된다. 여기에 김치 냉장고, 냉동고, 와인 셀러, 화장품 냉장고에 이르기까지 그 종류와 이용 범위도 넓어졌다. 냉장고에는 각종 일회용 식품, 냉동식품, 가공이나 반가공 식품은 물론이고 밀키트Meal kit와 같은 조리세트가 그대로 제공되는 식품의 비중이 늘었다. 부엌에서 음식을 조리하는 대신, 냉장고의 음식을 데우거나 배달음식을 먹는 장소로서 그 역할도 바뀌어 가는 중이다. 이러한 상황이 반영되면서 점차 부엌의 조리공간과 시설도 축소되는 추세이다.

부엌은 이제 성인 여성뿐 아니라 남녀노소 가족 구성원 누구나 이용하는 공간이 되었다. 이를 주도하는 것은 물론 성인 여성이지만 그 역할은 점차 줄어들고 있다. 모두에게 열린 공간이 되면서 부엌에 대한 신비감이나 경외감도 사라지게 되어 더 이상 조왕의례는 이어지지 않는다.

매일 우물가에서 물을 길어오는 대신 정수기와 생수가 물독의 자리를 대신하고, 음식재료는 싱크대에서 수돗물로 씻는다. 음식재료를 냉장고에 보관하면서 찬장은 사라지고 그 역할은 싱크대에 딸린 수납장이 대신하게 되었다. 밥 짓기는 전기밥솥, 음식 조리는 가스레인지, 인덕션 전기 레인지가 사용된다. 조리용기는 다양한 크기와 종류의 냄비에 국과 찌개를 끓이고 반찬도 조리한다. 1980년대부터 식용유가 흔해지면서 프라이팬이 주요한 조리도구가 되었다. 이때부터 기름에 볶거나, 튀기고 굽는 음식이 많아지게 되었다. 시루 대신 작고 간편해진 찜기는 만두나 각종 음식을 찌는 데 사용된다.

음식조리에 쓰이는 소금이며 각종 조미 향신료는 물론이고 된장, 고추장, 간장 등의 장류에 이르기까지 양념으로 쓰이는 것도 대부분 공장에서 플라스틱 용기에 담긴 채 생산되어 그대로 사용한다. 장독대를 대신해서 김치냉장고가 쓰이면서 김장은 여전히 생명력을 유지하게 되었고 장기 저장 음식도 옹기 대신 여기에 넣어 보관한다.

가족의 수와 집에서 먹는 식사량이 줄고 쌀과 잡곡은 소량 구매하다 보니 쌀통도 사라지게 되었다. 전기밥솥을 사용하면서 주걱은 작아지고 누룽지가 생기지 않으니 식후에는 숭늉 대신 정수기 물이나 커피를 마신다. 밥과 함께 먹던 국이나 찌개는 밥상에서 사라지고, 김치 대신 샐러드를 곁들여 먹기도 한다. 이처럼 국물음식이 줄어들고 서구식으로 음식이 바뀌면서 숟가락의 사용은 줄어들고 젓가락만 쓰거나 포크의 사용이 늘게 되었다. 개인용 음식 그릇은 유기에서 스테인리스 스틸Stainless steel을 거쳐 멜라민수지Melamine나 도자기로 바뀌고 밥과 국그릇의 크기는 계속 줄어들고 있다.

밥은 백미에서 흑미나 현미, 잡곡을 섞어 짓거나 햇반을 데워 먹는다. 반찬은 전 세계에서 들여온 다양한 음식재료로 조리해 먹거나 사다 먹는다. 이전보다 육식의 섭취가 급증하였는데 이는 미국에서 수입한 옥수수 사료로 소, 돼지, 닭을 대량 사육할 수 있게 된데다 육류 수입도 많아졌기 때문이다.

식사를 마치고 난 그릇은 싱크대나 식기 세척기에서 설거지를 하지만, 간편 음식이나 배달음식 용기는 대부분 일회용으로 쓰레기통에 버려진다. 세척된 음식그릇은 건조대에 말려 수납하거나 다음 식사 때까지 식기 세척기에 그대로 놓이게 된다.

6. 부엌문을 닫으며

1만년 가까운 우리나라 부엌과 세간의 역사에서 주목할 만한 4차례의 변화에 대해 살펴보았다. 이를 정리한 것이 표1이다.

선사시대는 부엌이 처음 등장하는 시기이다. 신석기시대의 부엌은 움집 밖에 설치되어 공동으로 조리하고 식사하였다. 하지만 지상에 세워지다 보니 지금껏 남아 있는 것은 움이 깊은 신석기시대의 돌무지 화덕뿐이다. 그 대신 집안에 설치된 화덕 공간은 '보조 부엌'의 역할을 하였으나 점차 청동기시대부터 집 안의 화덕을 중심으로 조리가 이루어지게 되었다. 선사시대의 화덕을 중심으로 형성된 부엌 공간은 집안의 중심 역할을 할 뿐 아니라 다양한 생활공간으로도 쓰이므로 '중층적' 성격을 가지는 '열린 공유공간' 구조라 할 수 있다.

고대 부엌은 전용 조리시설인 부뚜막을 중심으로 공간구성이 이루어지므로 이제 가구마다 독립적인 음식조리와 식사가 이루어지기 시작하였다. 고대 부엌은 이전보다 장소성은 더욱 분명해졌지만 공간적 개념은 여전히 옅어서 생활공간과의 구분이 불분명한 '열린 공유공간' 구조를 가진다.

중근대 부엌은 구들의 영향으로 부엌에는 부뚜막, 방에는 고래가 놓이는 공간 분리가 이루어진다. 이때부터 부엌은 하나의 독립공간으로 정체성을 보이게 된다. 다만 접근성이나 공간적 폐쇄성으로 인해 '닫힌 분리공간' 구조를 가진다. 부엌이 집 한 켠으로 밀려나고 출입자도 성인 여성으로 한정되는 등 집안의 중심공간으로서 가져온 장소성은 축소되었다. 이를 가장 잘 보여주는 것이 부엌에서는 음식조리와 상차림만 하고 밥은 방으로 이동해서 먹는 식사방식이다.

현대 부엌은 집의 중심 공간으로서 장소성을 다시 찾게 되었다. 식사뿐 아니라 가족 구성원의 행사가 이루어지고 모두가 일상적으로 출입하게 되었다. 선사 · 고대처럼 열린 공간인 동시에 방과 벽으로 분할이 이루어지므로 '열린 분리공간' 구조를 보인다. 외식과 배달, (반)조리음식이 늘면서 조리공간과 시간이 줄었다. 반면, 냉동식품과 일회용 및 (반)가공식품이 증가하면서 부엌의 중심은 조리시설에서 냉장고로 옮겨갔다. 조리방식도 불을 피우지 않아도 되는 인덕션과 전자레인지를 이용하여 익히거나 데워 먹을 수 있게 되었다.

이와 같이 지난 1만여 년 동안 우리 부엌과 세간살이가 어떠한 변화과정을 거치며 지금의 모습을 가지게 되었는지 살펴보았다. 이러한 변화 속에서 부엌은 언제나 집의 중심지로서 주요한 역할을 해왔다. 비록 중근대의 반동적 변화도 있었지만 이내 회귀하였다. 부엌의 변화는 여전히 진행 중이며 그 속도는 더욱 빨라지고 있다. 이러한 변화 속에 미래의 부엌은 과연 어떠한 모습일지 자못 궁금하다.

참고문헌

식문화탐구회,「부뚜막취사의 실험고고학적 검토」,『様式의 考古學』제32회 한국고고학대회 자료집, 한국고고학회, 2008.

오승환,「부엌의 고고학적 연구 Ⅰ : 원삼국~삼국시대를 중심으로」,『취락연구』1. 취락연구회, 2009.

오승환,「백제 사람들의 밥짓기와 음식조리」,『백제의 맛 – 음식이야기 특별전 도록』, 한성백제박물관, 2012.

오승환,『구들의 기원과 한반도 확산과정 연구』, 고려대학교 대학원 박사학위논문, 2018.

음식고고연구회,『취사실험의 고고학』, 서경문화사, 2011.

이한용,『왜 호모사피엔스만 살아남았을까』, 채륜서, 2020.

장동선,「공존하는 삶을 위해 진화해온 뇌」,『호모사피엔스: 진화∞관계&미래?』, 국립중앙박물관, 2021.

전곡선사박물관,『인류의 기원을 찾아 고고씽』, 2015.

정수옥,「한반도 취사문화가 일본 고분시대에 미친 영향과 수용과정 -북부규슈 및 긴키지역을 중심으로-」,『한국상고사학보』76, 한국상고사학회, 2012.

정수옥·長友朋子,「토기의 탄소부착흔을 통해 본 소성과 조리방법–늑도유적 사례를 중심으로-」,『한국상고사학보』65, 한국상고사학회, 2009.

한지선,「중도식 경질무문토기에서 보이는 조리방법의 검토」,『고고학』6, 2007.

한지선,「백제의 취사시설과 취사방법 –한성기를 중심으로-」,『백제학보』2, 2009.

https://ko.dict.naver.com/#/entry/koko/ebf2aec06ed94f749f0dee05e4a51591

http://www.tongilnews.com/news/articleView.html?idxno=102819

구분		선사시대	고대	중근대	현대	비고
시기		신석기~초기 철기시대	원삼국~통일 신라시대	고려~조선시대 (주로 후기)	1900년~현재	
위치		방 중앙	방 벽가	독립	방 중앙의 벽가	배연·환기에 유리한 방향
공간형		열린 공유공간	열린 공유공간	닫힌 분리공간	열린 분리공간	활동범위 중심으로 구분
조리시설		화덕	부뚜막(구들)	부뚜막(구들)	인덕션, 가스·전자레인지	조리시설과 공간의 축소
조리활동		주로 외부에서 이루어짐	부뚜막 주위	부엌 전체	주방 내부	배달음식, 밀키트
사용자		여성, 가족?	여성, 가족?	여성 전용	여성, 가족참여	
신앙 의례		?	조왕신앙, 부뚜막·구들형 명기	조왕신앙, 취사용기형 명기	없음	
난방		화덕	구들	구들	온수 보일러	
용수	시설	강, 집수지	우물, 강, 집수시설	우물, 강, 집수시설	지하수, 상수도	
	용기	물독, 바가지	물독, 바가지, 개수통	물독, 바가지, 개수대	싱크대, 정수기, 생수	
용기	용도	취사기, 저장기	취사기, 저장기, 식기	취사기, 저장기, 식기	취사기, 저장기, 식기	일회용기
	재질	목기, 칠기, 토기	목기, 칠기, 토·도기, 금속기	목기, 칠기, 토·도기, 자기, 금속기	목기, 칠기, 도기, 자기, 금속기, 플라스틱기	
저장	용기	토기(호, 옹),나무 독	토기(호, 옹), 나무 독	도자기(독, 옹), 옹기·나무 독, 김치 광	저장용기, 쌀통	
	시설	움	움, 목곽고	움, 찬장, 뒤주	냉장고, 수납장	
조리	용기	바리	시루, 깊은 바리, 장동옹, 주구토기	솥, 시루	전기밥솥, 프라이팬, 냄비 등	일회용 조리기
	방식	토기에 여러 식재료 넣어 조리	시루에 밥 짓고 깊은 바리에 음식 조리	솥에 밥과 음식을 조리	전기밥솥에 밥, 냄비에 국, 프라이팬에 조리	일회용 즉석밥
	도구	휘젓개, 주걱	칼, 도마, 국자, 주걱	칼, 도마, 집게, 국자, 주걱	칼, 도마, 집게주걱, 국자, 가위,	
	연료	나무, 초본류	나무, 초본류, 숯	나무, 초본류, 숯	연탄, 전기, 가스	
식사	도구	손	숟가락, 젓가락	숟가락+젓가락	숟가락, 젓가락, 포크	
	장소	방 바닥	방 바닥, 밥상	방 바닥, 밥상	밥상, 식탁	외식
	용기	조리용기 이용, 목기	완, 발, 접시, 개배, 고배	접시, 대접, 합	밥공기, 접시, 대접, 기타	일회용기
	용기보관	방 바닥	방 바닥, 부뚜막, 살강	살강, 찬장	수납장, 건조기, 싱크대 위	
세척		물독, 개울가, 집수시설	우물, 개수통	우물, 개수대	싱크대, 식기 세척기	

표 1. 우리나라의 부엌 공간과 세간의 변화

Prologue

전통 부엌과 현대의 부엌

001 재래식 부엌 불막이
防火門
Fuel Intake

구입
1970년대
23.8×34.0
서울역사박물관

Ⅰ 부엌의 등장

002 철제품
鐵器
Iron Goods

서울 풍납동 토성
백제
현재길이 2.8~19.0, 현재너비 1.5~5.2

003 장고 모양 토기
長鼓形土器
Drum-shaped Pottery

서울 우면동 유적
백제
높이 10.8, 지름 12.8

004 아궁이 모양 토기
爐口形土器
Stove-shaped Miniature Pottery

군산 여방리 고분군
백제
높이 10.5, 너비 13.0
국립전주박물관

005 쇠솥
鐵製釜
Iron Cauldron

서울 관훈동 유적
조선
높이 18.3, 입지름 31.7

006 쇠솥뚜껑
鐵製釜蓋
Iron Cauldron Lid

서울 관훈동 유적
조선
높이 10.1, 지름 32.5

007 조왕신도
竈王神圖
Portrait of *Jowang* (Kitchen God)

구입
조선후기
82.8×63.2
서울역사박물관

008 불설조왕경
佛說竈王經
The Stove Deity Tribute Scriptures

구입
조선말기
33.6×22.0
서울역사박물관

Ⅱ 백제의 부엌

009 부뚜막 전사
爨轉寫
Transcription of Fireplace

서울 풍납동 토성
백제
길이 2,700, 너비 1,500

010 솥받침
支脚
Cauldron Stand

평택 세교동 유적
백제
현재높이 12.5, 10.6
국립공주박물관

011 **솥받침**
支脚
Cauldron Stand

평택 세교동 유적
백제
현재높이 9.4, 10.2
국립공주박물관

012 **아궁이 장식**
爐址用土製品
Fire Surrounds

서울 풍납동 토성
백제
현재길이 46.0, 41.5

013 **아궁이 장식**
爐址用土製品
Fire Surrounds

충주 탑평리
백제
길이 100.1, 현재너비 37.0
국립청주박물관

014 **아궁이 장식**
爐址用土製品
Fire Surrounds

고창 봉산리 황산 유적
삼국
길이 31.9, 현재너비 73.3
국립전주박물관

015 **굴뚝**
煙筒
Stovepipe

충주 장미산성
백제
현재높이 41.2
국립청주박물관

016 **굴뚝**
煙筒
Stovepipe

고창 봉산리 황산 유적
삼국
높이 42.4
국립전주박물관

017 **굴뚝**
煙筒
Stovepipe

부여 쌍북리
백제
높이 197.0
국립부여박물관

018 **굴뚝 장식**
煙家
Chimney Cap

부여 정동리
백제
현재높이 59.1
국립부여박물관

019 **굴뚝 장식**
煙家
Chimney Cap

서울 몽촌토성
백제
높이 13.9, 너비 18.8

020 **굴뚝 장식**
煙家
Chimney Cap

익산 왕궁리 유적
백제
높이 27.0, 너비 33.0
국립부여문화재연구소

021 **계란 모양 토기****
長卵形土器
Egg-shaped Pottery

서울 풍납동 토성
백제
높이 41.8, 입지름 23.3

022 **계란 모양 토기**
長卵形土器
Egg-shaped Pottery

평택 세교동 유적
백제
높이 43.0, 입지름 22.0
국립공주박물관

023 **계란 모양 토기****
長卵形土器
Egg-shaped Pottery

서울 풍납동 토성
백제
높이 36.2, 입지름 22.7

024 **계란 모양 토기**
長卵形土器
Egg-shaped Pottery

서울 풍납동 토성
백제
높이 27.2, 입지름 17.3

025 **솥 모양 토기**
釜形土器
Cauldron-shaped Pottery

청주 봉명동 유적
백제
높이 14.7, 입지름 11.4
국립청주박물관

026 솥 모양 토기
釜形土器
Cauldron-shaped Pottery

예산 계정리
백제
높이 14.2, 입지름 23.2
국립부여박물관

027 솥 모양 토기
釜形土器
Cauldron-shaped Pottery

부여 논티 제사유적
백제
높이 5.9, 입지름 13.7
국립부여박물관

028 솥 모양 토기
釜形土器
Cauldron-shaped Pottery

미상
삼국
높이 10.1, 입지름 11.8
국립전주박물관

029 쇠솥
鐵鍑
Iron Cauldron

익산 왕궁리 유적
백제
높이 36.8, 입지름 33.0
국립부여문화재연구소

030 시루
甑
Steamer

서울 풍납동 토성
백제
현재높이 30.7, 입지름 30.0

031 시루
甑
Steamer

화성 먹실 유적
백제
높이 21.3, 입지름 25.7
국립중앙박물관

032 시루**
甑
Steamer

진천 석장리
백제
높이 24.0, 입지름 30.3
국립청주박물관

033 '增증'자가 있는 토기
增銘土器
Steamer with Inscription of '增'

부여 용정리 백제건물지 유적
백제
높이 23.8, 입지름 36.5
국립부여박물관

034 깊은 바리 모양 토기
深鉢形土器
Deep Bowl

서울 풍납동 토성
백제
높이 7.5~13.5

035 시루
甑
Steamer

화성 발안리 유적
원삼국
높이 16.0, 입지름 19.7
국립중앙박물관

036 항아리**
壺
Jar

화성 발안리 유적
원삼국
높이 21.7, 입지름 16.5
국립중앙박물관

037 불에 탄 곡물
炭化穀物
Carbonized Grain

서울 몽촌토성·석촌동 고분군
삼국
길이 0.5~0.6

038 씨앗
籽
Seed

서울 몽촌토성
삼국
길이 2.4~3.8

039 열매
果
Nut

서울 몽촌토성
삼국
길이 1.0~1.8

040 버섯
菌
Mushroom

서울 몽촌토성
삼국
길이 4.2~11.0

041 **소 뼈**
牛骨
Cattle Bone

서울 몽촌토성
삼국
길이 8.5~21.0

042 **돼지 뼈**
豚骨
Pig Bone

서울 몽촌토성
삼국
길이 11.0, 13.3

043 **말 머리뼈**
馬頭蓋骨
Horse Skull

서울 몽촌토성
삼국
길이 51.5

044 **말 뼈**
馬骨
Horse Bone

서울 몽촌토성
삼국
길이 7.0, 20.0

045 **사슴 뼈**
鹿骨
Deer Bone

서울 몽촌토성
삼국
길이 5.7

046 **새 뼈**
鳥骨
Bird Bone

서울 몽촌토성
삼국
길이 3.5

047 **조개**
貝殼
Seashell

서울 몽촌토성
삼국
길이 2.5~7.6

048 **생선 뼈**
魚骨
Fish Bone

서울 풍납동 토성
백제
길이 0.9~1.8

049 **그물추**
漁網錘
Fishing Net Sinker

서울 풍납동 토성
백제
길이 7.2, 지름 3.5

050 **짧은 목 항아리**
短頸壺
Short-necked Jar

청주 봉명동 유적
백제
높이 22.5, 입지름 14.5
국립청주박물관

051 **짧은 목 항아리**
短頸球形壺
Short-necked Jar

서울 풍납동 토성
백제
높이 25.8, 28.2, 입지름 17.3, 17.6

052 **뚜껑**
蓋
Lid

서울 풍납동 토성
백제
높이 3.4, 3.4, 지름 11.2, 21.8

053 **곧은 입 작은 항아리**
直口小壺
Small Jar with Straight Mouth

서울 풍납동 토성
백제
높이 7.4~8.1, 입지름 8.0~8.6

054 **곧은 입 항아리**
直口壺
Jar with Straight Mouth

평택 세교동 유적
백제
높이 20.5, 입지름 9.5
국립공주박물관

055 **사발**
盌
Bowl

서울 풍납동 토성
백제
높이 6.7, 7.3, 입지름 14.8, 15.3

056 **사발**
盌
Bowl

서울 풍납동 토성
백제
높이 5.7~8.8, 입지름 10.0~14.5

057 **굽다리 접시**
高杯
Mounted Vessel

평택 세교동 유적
백제
현재높이 10.8, 10.9
국립공주박물관

058 **뚜껑 굽다리 접시**
有蓋高杯
Mounted Vessel with Lid

서울 풍납동 토성
백제
높이 7.6, 입지름 12.0

059 **뚜껑 굽다리 접시**
有蓋高杯
Mounted Vessel with Lid

서울 풍납동 토성
백제
높이 7.7, 입지름 10.3

060 **세발 토기**
三足土器
Tripod Vessel

서울 풍납동 토성
백제
높이 8.0, 입지름 7.3

061 **세발 토기**
三足土器
Tripod Vessel

서울 풍납동 토성
백제
높이 9.0, 입지름 24.5

062 **세발 토기**
三足土器
Tripod Vessel

서울 풍납동 토성
백제
높이 7.2, 입지름 14.9

063 **세발 토기**
三足土器
Tripod Vessel

서울 풍납동 토성
백제
높이 4.3, 입지름 16.3

064 **병**
甁
Bottle

평택 세교동 유적
백제
높이 14.1
국립공주박물관

065 **병**
甁
Bottle

서울 풍납동 토성
백제
높이 12.2

066 **병**
甁
Bottle

서울 풍납동 토성
백제
높이 12.8

067 **병**
甁
Bottle

서울 우면동 유적
백제
높이 9.9

068 **장군**
橫缶
Barrel-shaped Vessel

서울 우면동 유적
백제
높이 22.0, 지름 49.0

069 **나무 도마****
木製俎
Wooden Cutting Board

부여 쌍북리 유적
백제
길이 28.3, 너비 18.3
국립부여박물관

070 **긴 몸 항아리**
長胴壺
Jar with Elongated Body

서울 풍납동 토성
백제
현재높이 40.6, 현재지름 31.3

071 **긴 몸 항아리**
長胴壺
Jar with Elongated Body

서울 풍납동 토성
백제
높이 45.9, 지름 36.6

072 **유약을 입힌 항아리**
施釉陶器甕
Glazed Jar

서울 풍납동 토성
백제
높이 59.0, 지름 58.8

073 **유약을 입힌 항아리**
施釉陶器甕
Glazed Jar

서울 풍납동 토성
백제
높이 55.9, 지름 58.1

074 **청동 자루솥***
青銅鐎斗
Bronze Tripod Cauldron with Handle

서울 풍납동 토성
백제
높이 21.7, 너비 20.8
국립중앙박물관

075 **흑유 닭머리 모양 주전자***
黑釉鷄首壺
Black-glazed Ewer with Chicken Head

천안 용원리 9호 돌방무덤
백제
높이 16.4
국립공주박물관

076 **공이**
石杵
Pestle

서울 몽촌토성
삼국
길이 11.0, 11.0

077 **돌절구**
石臼
Stone Mortar

서울 몽촌토성
삼국
높이 14.3, 입지름 13.5

078 **돌절구**
石臼
Stone Mortar

서울 우면동 유적
백제
높이 11.1, 입지름 12.6

079 **절구 모양 토기**
臼形土器
Mortar-shaped Pottery

청주 가경4지구 유적
백제
높이 9.0, 입지름 11.3
국립청주박물관

080 **나무 주걱**
木製飯臿
Wooden Paddle

부여 구아리 유적
백제
길이 29.6, 너비 5.3
국립부여박물관

081 **나무 주걱**
木製飯臿
Wooden Paddle

부여 쌍북리 유적
백제
길이 29.7, 너비 8.4
국립부여박물관

082 **나무 숟가락**
木製匙
Wooden Spoon

공주 금성동 유적
백제
길이 13.7, 너비 4.2
국립공주박물관

083 **나무 숟가락**
木製匙
Wooden Spoon

부여 가탑리 유적
백제
길이 16.7, 너비 3.3
국립부여박물관

084 **칠기 숟가락**
漆匙
Lacquerware Spoon

부여 쌍북리 현내들 유적
백제
길이 19.5, 너비 3.0
국립부여박물관

085 **동 숟가락**
銅製匙
Copper Spoon

부여 관북리 추정왕궁지
백제
길이 23.7, 너비 4.5
국립부여박물관

086 **나무 젓가락**
木製箸
Wooden Chopstick

부여 능산리 사지
백제
길이 21.8
국립부여박물관

087 **청동 젓가락**
青銅箸
Bronze Chopstick

임실 석두리 I 유적 2호분 1호 돌방무덤
삼국
현재길이 19.2
국립전주박물관

III 고구려의 부엌

088 **안악 3호무덤 〈부엌〉 (모사도)**
安岳三號墳 廚房
<Kitchen>, Anak Tomb No. 3

북한, 1990년대 제작, 김영엽 기증
안악 3호무덤 앞방 동쪽 곁방 동벽
고구려
172.0×291.0

089 **철제 이동식 부뚜막***
鐵製爐
Iron Portable Cooking Stove

평안북도 운산면 용호동 제1호무덤
고구려
높이 29.1, 길이 67.2
국립중앙박물관

090 **굴뚝장식**
煙家
Chimney Cap

서울 몽촌토성
고구려
지름 20.0, 23.7

091 **시루**
甑
Steamer

서울 용마산 2보루
고구려
높이 28.9, 입지름 35.5

092 **시루**
甑
Steamer

서울 용마산 2보루
고구려
높이 22.4, 입지름 24.9

093 **춤무덤 〈무용도〉 (모사도)**
舞踊塚 舞踊圖
<Dance>, Muyongchong

북한, 2000년대 제작, 민족화해범국민
협의회 기증
춤무덤 널방 동남벽
고구려
166.6×318.6

094 **안악 3호무덤 〈방앗간〉 (모사도)**
安岳三號墳 精米所
<Mill>, Anak Tomb No. 3

북한, 1990년대 제작, 김영엽 기증
안악 3호무덤 앞방 동쪽 곁방 서벽
고구려
168.0×55.0

095 **항아리**
甕
Jar

서울 용마산 2보루
고구려
높이 53.3, 입지름 30.0

096 **두 귀 달린 긴 몸 항아리**
兩耳附長胴甕
Jar with Elongated Body and Two Lugs

서울 용마산 2보루
고구려
높이 42.3, 입지름 15.1

097 **긴 몸 항아리**
長胴壺
Jar with Elongated Body

서울 용마산 2보루
고구려
높이 33.2, 입지름 10.3

098 **긴 몸 항아리**
長胴壺
Jar with Elongated Body

서울 용마산 2보루
고구려
높이 31.0, 입지름 10.9

099 **곧은 입 항아리**
直口甕
Jar with Straight Mouth

서울 용마산 2보루
고구려
높이 25.0, 입지름 22.2

100 **네 귀 달린 곧은 입 항아리·뚜껑****
四耳附直口甕·蓋
Jar with Straight Mouth and Four Lugs·Lid

서울 용마산 2보루
고구려
항아리: 높이 72.1, 입지름 30.0
뚜껑: 높이 10.2, 지름 36.9

101 **동이**
大鉢
Big Bowl

서울 용마산 2보루
고구려
높이 19.2, 입지름 40.0

102 **병**
甁
Bottle

서울 용마산 2보루
고구려
높이 17.4

103 **전 달린 접시**
耳杯
Extended Rim Vessel

서울 용마산 2보루
고구려
높이 6.2, 입지름 13.0

104 **사발**
盌
Bowl

서울 용마산 2보루
고구려
높이 6.6, 입지름 14.4

105 **굽다리 사발**
臺附盌
Mounted Bowl

서울 용마산 2보루
고구려
높이 8.5, 입지름 14.5

106 **종지**
盞
Small Dish

서울 용마산 2보루
고구려
높이 3.7, 입지름 9.8

107 **접시**
杯
Dish

서울 용마산 2보루
고구려
좌: 높이 2.9, 입지름 23.2
우: 높이 1.7, 입지름 14.9

108 **시루 조각**
甑片
Potsherd_Steamer

서울 몽촌토성
고구려
현재높이 9.0

109 **시루**
甑
Steamer

서울 우면동 유적
백제
높이 28.9, 입지름 33.8

110 **시루**
甑
Steamer

기장 가동 유적
삼국
높이 27.8, 입지름 24.3
부산정관박물관

111 **시루**
甑
Steamer

완주 신풍 유적
삼국
높이 21.8, 입지름 20.0
국립전주박물관

112 **시루**
甑
Steamer

완주 신풍 유적
삼국
높이 26.7, 입지름 20.5
국립전주박물관

113 **시루**
甑
Steamer

임실 석두리 유적
삼국
높이 21.8, 입지름 17.3
국립전주박물관

IV 가야와 신라의 부엌

114 **아궁이 모양 토기**
釜形土器
Stove-shaped Pottery

전傳 금관가야 궁허지
가야
높이 45.8, 너비 45.0
국립김해박물관

115 **시루**
甑
Steamer

경산 임당유적
삼국
높이 30.3, 입지름 25.5
국립대구박물관

116 **짧은 목 항아리**
短頸壺
Short-necked Jar

경산 임당유적
삼국
높이 30.7, 입지름 19.9
국립대구박물관

117 **아궁이 모양 토기**
釜形土器
Stove-shaped Pottery

경산 임당유적
삼국
높이 26.8, 너비 26.2
국립대구박물관

118 **시루****
甑
Steamer

용인 할미산성
신라
높이 31.2, 입지름 30.4
국립공주박물관

119 **긴 독****
長胴甕
Jar with Elongated Body

부산 두구동 취락 유적
삼국
높이 45.7, 입지름 18.5
부산정관박물관

120 **쇠솥****
鐵釜
Iron Cauldron

김해 양동리 고분군
가야
높이 34.2, 입지름 24.5
국립김해박물관

121 **솥 모양 토기****
釜形土器
Cauldron-shaped Pottery

부산 분절 조개무덤
삼국
현재높이 26.3, 입지름 18.9
부산광역시립박물관

122 **솥 모양 토기****
釜形土器
Cauldron-shaped Pottery

창원 용동 유적
삼국
현재높이 31.2, 복원입지름 20.3
국립김해박물관

123 **솥 모양 토기**
釜形土器
Cauldron-shaped Pottery

창원 다호리 유적
삼국
높이 27.4, 입지름 18.3
국립김해박물관

124 **솥 모양 토기**
釜形土器
Cauldron-shaped Pottery

김해 송정리 유적
가야
현재높이 19.7, 입지름 9.0
국립김해박물관

125 **솥 모양 토기 조각**
釜形土器片
Potsherd_Cauldron-shaped Pottery

부산 낙민동
삼국
현재높이 9.2, 입지름 10.8
부산광역시립박물관

126 **손잡이 달린 항아리**
把手附壺
Jar with Handles

부산 두구동 취락 유적
삼국
높이 26.5, 입지름 25.6
부산정관박물관

127 **손잡이 달린 항아리**
把手附壺
Jar with Handles

부산 두구동 취락 유적
삼국
높이 19.0, 지름 33.0
부산정관박물관

128 **손잡이 달린 항아리**
把手附壺
Jar with Handles

부산 두구동 취락 유적
삼국
높이 12.5, 입지름 19.1
부산정관박물관

129 **굴뚝**
煙筒
Stovepipe

부산 두구동 취락 유적
삼국
높이 24.4
부산정관박물관

130 **솥 모양 토기**
釜形土器
Cauldron-shaped Pottery

오송 취락 유적
통일신라
높이 24.5, 입지름 21.1
국립청주박물관

131 **네 귀 달린 솥**
四耳附鍑
Cauldron with Four Lugs

김해 삼계동 유적
통일신라
높이 29.1, 입지름 13.2
국립김해박물관

132 **쇠솥**
鐵鍑
Iron Cauldron

서울 아차산성
통일신라
높이 21.4, 입지름 22.2

133 **구멍 있는 항아리**
有孔壺
Perforated Jar

부산 낙민동 유적
삼국
높이 15.5, 입지름 10.6
부산광역시립박물관

134 **짧은 목 항아리**
短頸壺
Short-necked Jar

서울 우면동 유적
신라
높이 11.9~13.3, 입지름 9.6~11.7

135 **짧은 목 항아리**
短頸壺
Short-necked Jar

서울 독산동 유적
신라
높이 11.4~13.5, 입지름 10.4~12.2

136 **손잡이 달린 항아리**
把手附壺
Jar with Handles

충주 탑평리
신라
높이 21.5, 입지름 29.5
국립청주박물관

137 **굽다리 접시**
高杯
Mounted Dish

서울 독산동 유적
신라
높이 3.9, 입지름 14.6

138 **굽다리 접시**
高杯
Mounted Dish

서울 독산동 유적
신라
높이 5.0, 입지름 14.2

139 **굽다리 접시**
高杯
Mounted Dish

서울 독산동 유적
신라
높이 3.9, 바닥지름 7.6

140 **굽다리 접시**
高杯
Mounted Dish

서울 독산동 유적
신라
높이 7.3, 입지름 12.3

141 **굽다리 접시**
高杯
Mounted Dish

서울 독산동 유적
신라
높이 7.5, 입지름 12.0

142 **굽다리 사발**
臺附盌
Mounted Bowl

서울 우면동 유적
신라
높이 9.4, 입지름 13.5

143 표주박 모양 토기
瓢子形土器
Gourd-shaped Pottery

창원 외동 유적
원삼국
현재길이 7.9, 8.8, 너비 3.9, 9.9
국립김해박물관

144 표주박 모양 국자
瓢子形杓子
Gourd-shaped Ladle

김해 죽곡리 유적
삼국
길이 12.8, 입지름 7.5
국립김해박물관

145 국자 모양 토기
杓子形土器
Ladle-shaped Pottery

창녕 강리 유적
삼국
높이 5.5, 입지름 9.6
국립김해박물관

146 숟가락 모양 목기
柶形木器
Spoon-shaped Woodenware

부산 낙민동 유적
삼국
길이 7.2, 너비 2.3
부산광역시립박물관

147 나무 바가지
木製瓢
Gourd

부산 기장 가동유적
삼국
높이 5.0, 길이 24.6
부산정관박물관

148 청동 숟가락
靑銅匙
Bronze Spoon

울산 조일리 고분군
신라
길이 20.4, 너비 3.0
국립김해박물관

149 쇠손칼
鐵刀子
Iron Knife

함안 오곡리 유적
삼국
길이 13.6, 너비 2.0
국립김해박물관

150 뼈손칼
骨刀子
Bone Knife

부산 고촌리 생산 유적
삼국
길이 20.3, 너비 2.5
부산광역시립박물관

151 뼈 칼손잡이
骨刀子釗
Bone Handle

부산 고촌리 생산 유적
삼국
길이 12.6, 너비 2.5
부산광역시립박물관

152 뼈 칼손잡이
骨刀子釗
Bone Handle

부산 낙민동 유적
삼국
길이 11.4, 너비 2.1
부산광역시립박물관

153 뚜껑 굽다리 접시
有蓋高杯
Mounted Dish with Lid

함안 오곡리 유적
가야
굽다리 접시: 높이 15.2, 입지름 14.2
뚜껑: 높이 6.2, 지름 16.0
국립김해박물관

154 종자
籽
Seed

부산 고촌리 생산 유적
삼국
길이 0.1~1.2
부산정관박물관

155 동이
大鉢
Big Bowl

서울 아차산성
통일신라
높이 28.5, 입지름 17.6

156 굽다리 사발·사발
臺附盌·盌
Mounted Bowl·Bowl

서울 몽촌토성
통일신라
굽다리 사발: 높이 5.5, 입지름 12.5
사발: 높이 6.0, 입지름 15.0

157 납작병
扁甁
Flettened Bottle

서울 아차산성
통일신라
높이 19.7

158 **칠기 접시**
漆皿
Lacquerware Dish

서울 아차산성
통일신라
높이 2.6, 추정입지름 15.9

159 **청동 숟가락**
靑銅匙
Bronze Spoon

청주 용암 유적
통일신라
길이 20.7, 너비 6.3
국립청주박물관

2021 선사고대기획전

삼국의 부엌

전시기획
김영심 지숙화

전시진행
지숙화 김서경 송동림 임종문 최충기

전시지원
이영선 이정은 장아름 정다움
정수경 황소은

원고집필
김영심 지숙화 이영선 이정은
정다움 정수경 황소은

도록편집
김영심 지숙화 이정은 황소은

패널·영상
김영심 지숙화 이영선 정다움 정수경

유물출납
권순철 최영미

보존처리
정세리

행정지원
임석진 권석진 강대웅 김봉곤
신아영 양재연 최에스더 주장미

홍보·교육
이경자 문선영 김수희 김은형
백길남 조옥희

유물촬영
K-Art Studio_김광섭

북디자인
㈜디자인나눔_송왕종 김효정 하효비

전시시공
진지피앤디

전시자문
박경신 숭실대학교 한국기독교박물관
오승환 가디언문화유산연구원
한지선 국립중원문화재연구소

논고집필
오승환 가디언문화유산연구원

칼럼집필
김명자 안동대학교
박경신 숭실대학교 한국기독교박물관
오승환 가디언문화유산연구원
한지선 국립중원문화재연구소

출품기관
국립공주박물관
국립김해박물관
국립대구박물관
국립부여문화재연구소
국립부여박물관
국립전주박물관
국립중앙박물관
국립청주박물관
부산광역시립박물관
부산대학교박물관
부산정관박물관
서울역사박물관

자료협조
강원도문화재연구소
경북문화재단 문화재연구원
공주대학교역사박물관
국립가야문화재연구소
국립경주박물관
국립공주박물관
국립광주박물관
국립김해박물관
국립부여박물관
국립중앙박물관
국립문화재연구소
국립민속박물관
국립부여문화재연구소
금호미술관
대만 국립고궁박물원
동북아역사재단
문화재청
서울대학교박물관
서울역사박물관
(재)가경고고학연구소
(재)경기문화재연구원
(재)경남문화재연구원
(재)경상문화재연구원
(재)고려문화재연구원
(재)대동문화재연구원
(재)부경문물연구원
(재)영남문화재연구원
(재)예맥문화재연구원
(재)한국고고환경연구소
(재)호남문화재연구원
충남대학교 백제연구소
한국문화재재단
한신대학교박물관
LH토지주택박물관
양시은(충북대학교)